Romance Mediúmnico

EL ELIXIR DE LA LARGA VIDA

Dictado por el Espíritu

CONDE J. W. ROCHESTER

Psicografía de

VERA KRYZHANOVSKAIA

Traducción al Español:

J.Thomas Saldias, MSc.

Trujillo, Perú, Enero 2022

Título de la versión francesa:
L'Élixir de Longue Vie – Les Immortels Sur la Terre
(1929)
Traducción al Portugués de:
Edith Nóbrega Canto Ibsen
© VERA KRYZHANOVSKAIA

Título Original en Portugués:
"O ELIXIR DA LONGA VIDA"

Traducido al Español de la 1ª Edición, 1990

Carátula:

Los Alquimistas de la Fotografía.

https://josealvarezfotografia.com/los-alquimistas-de-la-fotografia/

La serie completa se compone de:

El Elixir de la Larga Vida

Los Magos

La Ira Divina

La Muerte del Planeta

Los Legisladores

World Spiritist Institute

Houston, Texas, USA

E–mail: contact@worldspiritistinstitute.org

De la Médium

Vera Ivanovna Kryzhanovskaia, (Varsovia, 14 de julio de 1861 - Tallin, 29 de diciembre de 1924), fue una médium psicógrafa rusa. Entre 1885 y 1917 psicografió un centenar de novelas y cuentos firmados por el espíritu de Rochester, que algunos creen que es John Wilmot, segundo conde de Rochester. Entre los más conocidos se encuentran "El faraón Mernephtah" y "El Canciller de Hierro."

Además de las novelas históricas, en paralelo la médium psicografió obras con temas "ocultismo-cosmológico". E. V. Kharitonov, en su ensayo de investigación, la consideró la primera mujer representante de la literatura de ciencia ficción. En medio de la moda del ocultismo y esoterismo, con los recientes descubrimientos científicos y las experiencias psíquicas de los círculos espiritistas europeos, atrajo a lectores de la alta sociedad de la "Edad de Plata" rusa y de la clase media en periódicos y prensa. Aunque comenzó siguiendo la línea espiritualista, organizando sesiones en San Petersburgo, más tarde gravitó hacia las doctrinas teosóficas.

Su padre murió cuando Vera tenía apenas diez años, lo que dejó a la familia en una situación difícil. En 1872 Vera fue recibida por una organización benéfica educativa para niñas nobles en San Petersburgo como becaria, la Escuela Santa Catarina. Sin embargo, la frágil salud y las dificultades económicas de la joven le impidieron completar el curso. En 1877 fue dada de alta y completó su educación en casa.

Durante este período, el espíritu del poeta inglés JW Rochester (1647-1680), aprovechando las dotes mediúmnicas de la joven, se materializó y propuso que se dedicara en cuerpo y alma al servicio del Bien y que escribiera bajo su dirección. Luego de este contacto con la persona que se convirtió en su guía espiritual, Vera se curó de tuberculosis crónica, una enfermedad grave en ese momento, sin interferencia médica.

A los 18 años comenzó a trabajar en psicografía. En 1880, en un viaje a Francia, participó con éxito en una sesión mediúmnica. En ese momento, sus contemporáneos se sorprendieron por su productividad, a pesar de su mala salud. En sus sesiones de Espiritismo se reunieron en ese momento famosos médiums europeos, así como el príncipe Nicolás, el futuro Zar Nicolás II de Rusia.

En 1886, en París, se hizo pública su primera obra, la novela histórica "Episodio de la vida de Tiberio", publicada en francés, (así como sus primeras obras), en la que ya se notaba la tendencia por los temas místicos. Se cree que la médium fue influenciada por la Doctrina Espírita de Allan Kardec, la Teosofía de Helena Blavatsky y el Ocultismo de Papus.

Durante este período de residencia temporal en París, Vera psicografió una serie de novelas históricas, como "El faraón Mernephtah", "La abadía de los benedictinos", "El romance de una reina", "El canciller de hierro del Antiguo Egipto", "Herculanum", "La Señal de la Victoria", "La Noche de San Bartolomé", entre otros, que llamaron la atención del público no solo por los temas cautivadores, sino por las tramas apasionantes. Por la novela "El canciller de hierro del Antiguo Egipto", la Academia de Ciencias de Francia le otorgó el título de "Oficial de la Academia Francesa" y, en 1907, la Academia de Ciencias de Rusia le otorgó la "Mención de Honor" por la novela "Luminarias checas."

Del Autor Espiritual

John Wilmot Rochester nació en 1ro. o el 10 de abril de 1647 (no hay registro de la fecha exacta). Hijo de Henry Wilmot y Anne (viuda de Sir Francis Henry Lee), Rochester se parecía a su padre, en físico y temperamento, dominante y orgulloso. Henry Wilmot había recibido el título de Conde debido a sus esfuerzos por recaudar dinero en Alemania para ayudar al rey Carlos I a recuperar el trono después de que se vio obligado a abandonar Inglaterra.

Cuando murió su padre, Rochester tenía 11 años y heredó el título de Conde, poca herencia y honores.

El joven J.W. Rochester creció en Ditchley entre borracheras, intrigas teatrales, amistades artificiales con poetas profesionales, lujuria, burdeles en Whetstone Park y la amistad del rey, a quien despreciaba.

Tenía una vasta cultura, para la época: dominaba el latín y el griego, conocía los clásicos, el francés y el italiano, fue autor de poesía satírica, muy apreciada en su época.

En 1661, a la edad de 14 años, abandonó Wadham College, Oxford, con el título de Master of Arts. Luego partió hacia el continente (Francia e Italia) y se convirtió en una figura interesante: alto, delgado, atractivo, inteligente, encantador, brillante, sutil, educado y modesto, características ideales para conquistar la sociedad frívola de su tiempo.

Cuando aún no tenía 20 años, en enero de 1667, se casó con Elizabeth Mallet. Diez meses después, la bebida comienza a afectar su carácter. Tuvo cuatro hijos con Elizabeth y una hija, en 1677, con la actriz Elizabeth Barry.

Viviendo las experiencias más diferentes, desde luchar contra la marina holandesa en alta mar hasta verse envuelto en crímenes de muerte, la vida de Rochester siguió caminos de locura, abusos sexuales, alcohólicos y charlatanería, en un período en el que actuó como "médico".

Cuando Rochester tenía 30 años, le escribe a un antiguo compañero de aventuras que estaba casi ciego, cojo y con pocas posibilidades de volver a ver Londres.

En rápida recuperación, Rochester regresa a Londres. Poco después, en agonía, emprendió su última aventura: llamó al cura Gilbert Burnet y le dictó sus recuerdos. En sus últimas reflexiones, Rochester reconoció haber vivido una vida malvada, cuyo final le llegó lenta y dolorosamente a causa de las enfermedades venéreas que lo dominaban.

Conde de Rochester murió el 26 de julio de 1680. En el estado de espíritu, Rochester recibió la misión de trabajar por la propagación del Espiritismo. Después de 200 años, a través de la médium Vera Kryzhanovskaia, El automatismo que la caracterizaba hacía que su mano trazara palabras con vertiginosa velocidad y total inconsciencia de ideas. Las narraciones que le fueron dictadas denotan un amplio conocimiento de la vida y costumbres ancestrales y aportan en sus detalles un sello tan local y una verdad histórica que al lector le cuesta no reconocer su autenticidad. Rochester demuestra dictar su producción histórico-literaria, testificando que la vida se despliega hasta el infinito en sus marcas indelebles de memoria espiritual, hacia la luz y el camino de Dios. Nos parece imposible que un historiador, por erudito que sea, pueda estudiar, simultáneamente y en profundidad, tiempos y medios tan diferentes como las civilizaciones asiria, egipcia, griega y romana; así como costumbres tan disímiles como las de la Francia de Luis XI a las del Renacimiento.

El tema de la obra de Rochester comienza en el Egipto faraónico, pasa por la antigüedad grecorromana y la Edad Media y continúa hasta el siglo XIX. En sus novelas, la realidad navega en una corriente fantástica, en la que lo imaginario sobrepasa los límites de la verosimilitud, haciendo de los fenómenos naturales que la tradición oral se ha cuidado de perpetuar como sobrenaturales.

El referencial de Rochester está lleno de contenido sobre costumbres, leyes, misterios ancestrales y hechos insondables de la Historia, bajo una capa novelística, donde los aspectos sociales y psicológicos pasan por el filtro sensible de su gran imaginación. La clasificación del género en Rochester se ve obstaculizada por su expansión en varias categorías: terror gótico con romance, sagas familiares, aventuras e incursiones en lo fantástico.

El número de ediciones de las obras de Rochester, repartidas por innumerables países, es tan grande que no es posible tener una idea de su magnitud, sobre todo teniendo en cuenta que, según los investigadores, muchas de estas obras son desconocidas para el gran público.

Varios amantes de las novelas de Rochester llevaron a cabo (y quizás lo hacen) búsquedas en bibliotecas de varios países, especialmente en Rusia, para localizar obras aún desconocidas. Esto se puede ver en los prefacios transcritos en varias obras. Muchas de estas obras están finalmente disponibles en Español gracias al **World Spiritist Institute**.

Del Traductor

Jesus Thomas Saldias, MSc., nació en Trujillo, Perú.

Desde los años 80's conoció la doctrina espírita gracias a su estadía en Brasil donde tuvo oportunidad de interactuar a través de médiums con el Dr. Napoleón Rodriguez Laureano, quien se convirtió en su mentor y guía espiritual.

Posteriormente se mudó al Estado de Texas, en los Estados Unidos y se graduó en la carrera de Zootecnia en la Universidad de Texas A&M. Obtuvo también su Maestría en Ciencias de Fauna Silvestre siguiendo sus estudios de Doctorado en la misma universidad.

Terminada su carrera académica, estableció la empresa *Global Specialized Consultants LLC* a través de la cual promovió el Uso Sostenible de Recursos Naturales a través de Latino América y luego fue partícipe de la formación del **World Spiritist Institute**, registrada en el Estado de Texas como una ONG sin fines de lucro con la finalidad de promover la divulgación de la doctrina espírita.

Actualmente se encuentra trabajando desde Peru en la traducción de libros de varios médiums y espíritus del portugués al español, así como conduciendo el programa "La Hora de los Espíritus."

ÍNDICE

PREFACIO

John Wilmot, Conde de Rochester, fue un poeta satírico inglés de vida disoluta y vasta cultura, que murió a los 33 años. En espíritu, Rochester habría dictado a la médium Vera Kryzhanovskaia, entre 1882 y 1920, 51 obras, entre novelas y cuentos, decenas de las cuales fueron traducidas al portugués, y ahora al español.

Su temática comienza con el Egipto faraónico, pasando por, por ejemplo, la antigüedad grecorromana, la Edad Media y el siglo XIX.

En las novelas de Rochester, la realidad navega en una corriente fantástica en la que lo imaginario sobrepasa los límites de la verosimilitud, haciendo de los fenómenos naturales que la tradición oral se ha cuidado de perpetuar como sobrenaturales. Revela lo inaudito, lo elidido, los puntos abismales de la historia, la leyenda y el sufrimiento humano.

Rochester es un analista de estados de ánimo que sincretiza la historia con las pasiones humanas, configurándolas en narrativas casi siempre vertiginosas en las que lo insólito y lo misterioso son invariantes que marcan su estilo sin componer una receta liviana de entretenimiento, subordinada a las fórmulas de mercado que orientan las novelas populares.

Aceptemos o no la obra de Rochester como psicografía, veremos que su propuesta está en sintonía con el ideal realista: reproducir una sociedad y sus puntos de contacto con cronologías históricas. Sus extractos, cercanos a la realidad, buscan verosimilitud en divagaciones vertiginosas.

La referencialidad de Rochester está llena de contenido sobre costumbres, leyes, misterios ancestrales y hechos insondables de la historia, bajo una capa novelística, donde los aspectos sociales y psicológicos pasan por el filtro sensible de su imaginación hiperbólica.

En su recreación de la realidad, ningún detalle carece de interés; prestando atención a su virtuosismo descriptivo, se observa que ciertos pasajes se construyen sobre una efusión estilística de inclinación romántica.

Los paréntesis descriptivos de Rochester a veces precipitan ya veces retienen el curso narrativo, verticalizando y escudriñando microscópicamente los espacios físicos y psicológicos. Junto a la explosión de datos emocionales, el autor ajusta las causas que determinan el comportamiento humano y, por tanto, ninguno de los personajes es libre. En cuanto a la acción moral propuesta por los realistas, Rochester ofrece pistas cuando induce al lector a reflexionar, rechazando simplificaciones moralizantes y poco éticas sobre el bien y el mal.

La narrativa solo, aparentemente, toca los atractivos de los textos folletinescos, como el carácter informativo que aparece en las brechas históricas o en los fenómenos singulares que plantean la ciencia y las leyes naturales.

Si bien los mitos persisten en el producto folletinesco, Rochester los invalida en sus obras, redefiniendo, por ejemplo, figuras legendarias como José y Moisés; superando las crónicas que las hacían sagradas. Su escritura combina épica y drama.

Rochester, en la línea de la imaginación novelística del siglo XIX, se acerca a la "novela total", que empaqueta el drama, el diálogo, el retrato, el paisaje, lo maravilloso, solo trasladando el tema de la fuerza mítica del héroe a un más pasado lejano que la Edad Media (el espacio elegido para la evasión de los románticos), transformando su texto en una especie cuyo contenido de fábula tiene permanencia y atemporalidad al abrirse a la inexorable y precaria condición mortal del hombre.

La clasificación de género de Rochester se ve obstaculizada por su expansión en varias categorías: horror gótico con romance sentimental, sagas familiares, aventuras e incursiones en lo fantástico. Bajo un carácter creativo y fundacional, el autor desvela los arcanos desconocidos y se apropia de lo que parece repetitivo, reinaugurando textos según sus propias leyes, donde las relaciones internas (tiempo, espacio, personajes, estilístico) componen el contenido estético; y el inventario histórico, la recuperación de las cuestiones reales, metafísicas y filosóficas constituyen el contenido ideológico.

Sin reordenar fórmulas, Rochester revisa la espacialidad y la temporalidad, emprendiendo un viaje hacia lo enigmático, en una pluralidad de hechos revisados en la memoria. La complejidad de la transmigración de un determinado grupo de espíritus que se encuentra en sucesivas reencarnaciones, en el plano literario, se convierte en una migración de personajes de uno abierto a otro.

Se puede decir que su literalidad actualiza o reinterpreta temas universales, ya que los conflictos de poder y la formación de valores, cultivan una fusión de lo real y lo imaginario, en una atmósfera trágica, encajando al lector en el esfuerzo de llenar la vacíos significativos - especialmente en lo que se refiere a las leyes de causa y efecto -, uno de los atributos que presenta un texto artístico en su contextualización de lo real.

Así, desde un punto de vista lingüístico y estético, Rochester produce un discurso literario y, desde un punto de vista referencial e historiográfico, reproduce una realidad.

Caminando por la narrativa de Rochester, observamos que alterna capítulos de mayor o menor tensión, sin estas polaridades se den para entender la novela. Organizado fuera de la secuencia temporal lineal, la fragmentación narrativa mantiene la expectativa del lector.

De los personajes de Rochester se puede decir que no existen al servicio de la trama, para sustentar una tesis de orden moralizador y creador de identidad: pertenecen a una narrativa que indaga episodios históricos con instrumentos literarios, para no perdiendo sus referencias bajo arreglos ficticios (lo que daría lugar a personajes moldeados según el público objetivo; uno de los paradigmas de las seriadas).

En las narraciones de los folletinescas, el héroe es valiente, seductor, romántico, tiene un carácter noble, gestos solidarios, redentores y justos. Incluso los rasgos físicos corresponden a la luminosidad del personaje: ojos claros, belleza diáfana, viril. Por lo general, se asocia con animales como el águila y el león, para combatir a los animales nocturnos: la serpiente, la araña, el dragón.

José, el héroe de "El canciller de hierro", se presenta físicamente como un héroe solar: ojos verdes, alto y guapo; pero es cauteloso, falso, cruel, despótico, narcisista y cobarde. El animal con el que se identifica es la serpiente, ya que es a través de un extraño ritual con este reptil que José se convierte en un iniciado en el prestigioso arte de la interpretación de los sueños, además de poder producir hechizos y enfrentarse a la enigmática esfinge.

Rochester pone al lector en contacto con la forma inaugural del mito, en cuanto al enigma de la Esfinge - surgida de un casi delirio - y sus asociaciones reveladoras, haciendo emerger sentidos que van más allá del valor expresivo y denotativo del fenómeno, rompiendo en el lector la fascinación de sus secretos.

La génesis de lo legendario y lo maravilloso se arraiga en las narrativas populares, que pasaron de la oralidad primitiva a la literatura moderna a través de una fuente de textos, anónimos o colectivos, originarios de Oriente y los celtas.

A finales del siglo XIX, manuscritos egipcios de 3200 años – más antiguos que los textos indios - fueron encontrados en excavaciones en Italia, por la egiptóloga señora D'Orbeney. Estos manuscritos son el texto fuente del episodio de la Biblia "José y la mujer de Putifar", cuya trama sintetizó.

Rochester, en "El canciller de hierro", enriquece este episodio con detalles, sin recurrir a soluciones modernas. Revelando las matrices de la depreciación de la imagen femenina, que las narrativas populares se encargan de difundir, se adentra en los entresijos que llevaron a la esposa de Putifar a ser acusada de traición.

Al referirse a los judíos, en tres de sus obras, Rochester plantea los prejuicios que consolidaron muchos de los estereotipos que se les atribuyen, en un relevamiento de la tradición judía y las huellas que han acompañado a su pueblo durante muchos siglos, siendo él mismo judío. Algunas de las observaciones evaluativas del autor solo serían juicios prejuiciosos si no estuvieran basados en hechos que estigmatizaban al pueblo hebreo.

En cuanto al enfoque narrativo, la obra de Rochester, a veces a través del narrador omnisciente, a veces a través de narradores nombrados, presenta diferentes versiones de un hecho, según las perspectivas y licencias individuales de quienes las llevaron a cabo.

Así, en novelas como "El faraón Mernephtah", "Episodio de la vida de Tiberius" o "La abadía de los benedictinos", una determinada acción vivida por varios personajes es captada por el lector desde distintos ángulos:

el foco de cada narrador ofrece una observación material y subjetiva, traduciendo sus distancias interiores, su vida psíquica; cada uno se define a sí mismo, así como las escenas que protagonizaron, tal como las vivieron.

Así, por ejemplo, vemos en "Episodio da Vida de Tiberius" el testimonio de cuatro personajes. La narrativa se construye bajo diferentes repertorios, en un movimiento dialéctico de fragmentación - por parte de la narrativa - y síntesis - por parte del lector -. Esta tensión dialéctica se abre a la coparticipación del lector, que filtra la lectura a través de su propio repertorio, sus proyecciones e idiosincrasias, produciendo un metatrama que se renueva con cada lectura y cambia de un lector a otro.

Los puntos de vista de Rochester se construyen desde atrás y con la visión en su conjunto, según la definición de Jean Pouillon. El conocimiento del narrador es ostensible: lo sabe todo sobre la intimidad de los personajes, apropiándose de sus pensamientos y actitudes. Esta cobertura total sirvió a una preferencia de los lectores del siglo XIX, ávidos de la densidad de los hechos.

Como narrador omnisciente, proyecta su lenguaje experto sobre los elementos físicos y psicológicos, verticalizando y engrosando las líneas externas e internas, componiendo imágenes dinámicas y estáticas, a través de metáforas, antítesis, hipérbole, polarizando el texto con fluidez y el congelamiento de escenas con el mismo impacto.

Los personajes y el narrador sufren una simbiosis de sus estados mentales, viviendo las palabras del otro. Su efecto de realidad no se expresa en su autoridad de dolor narrado y por tanto en su capacidad literaria de reconstrucción, de investigación, permitiendo nuevas interpretaciones, permitiendo que la ficción y la realidad se confundan en la relatividad de las voces de sus personajes, interpretando la visión positivista del siglo XIX, en la que la historia se cuenta a sí misma, reflejando el mundo real a través del lenguaje.

Su exaltación sensorial aprehende el mundo con ojos realistas, agregando en ocasiones pulsaciones románticas, no solo de sentir, sino de ver, tantear, experimentar, llevando al lector a darse cuenta que la sensación es un elemento fundamental en el conocimiento del mundo.

Entre llanuras polvorientas, templos místicos, arenas sangrientas y cuevas hostiles, Rochester actualiza, como los matices de una pintura, los espacios ignorados de la Historia. Su esfuerzo pictórico opone el descriptivismo funcional del realismo al descriptivismo decorativo del romanticismo, en un compromiso entre el sentido real y la imaginación.

En textos de propuesta realista, el testimonio romántico subjetivo-individual da paso al testimonio objetivo y crítico, juzgando los hechos a partir de valores socialmente condicionados, impulsados por el pensamiento científico y económico.

Rochester aparece precisamente en un período de crisis en la representación simbólica del arte y en la fragmentación del individuo que, como sujeto textual, ya no coincide con el ideal pleno del héroe, poniendo en duda los valores absolutos.

Porque depositario sea preceptos de espíritu y plantee interrogantes metafísicos con competencia para hacer fructificar la obra de Rochester trasciende la valoración de la sensibilidad y el juicio de los gustos: el lector se divide entre el placer de la expansión subjetiva del autor y el escepticismo ante la objetividad de los aspectos filosóficos, científicos e históricos que, si no sorprenden por lo real, sorprenden por lo imaginario.

Su universo imaginario es un excedente de lo real, atestigua los fenómenos creados por el hombre, descubriendo mitos y descifrando enigmas. La combinatoria de estos elementos por la calaña de su escritura es que permite el tránsito de Rochester más allá de la literatura espiritualista, permitiendo que sus novelas encierren una superposición de textos que le otorgan a uno ahora un estatus documental, a veces ficticio, a veces fantástico.

Thais Montenegro Chinellato

I

En las afueras de la ciudad de Londres se alzaba un edificio antiguo, todavía sólido y con un gran jardín. La casa se remontaba a la época de Cromwell y conserva el aspecto severo y puritano de ese siglo.

En el tercer piso vivía el Dr. Ralph Morgan, como lo indica una pequeña placa de cobre sobre una puerta de roble envejecido oscuro. El apartamento del médico constaba de un recibidor, un comedor, una oficina y un dormitorio. Cada una de estas habitaciones, amueblada de forma sencilla pero confortable, tenía una ventaja muy valiosa para el residente: las ventanas daban al jardín. Al médico le encantaba la tranquilidad y el aire libre, prefiriendo una caminata larga, incluso con mal tiempo, a la vida agitada y ruidosa del centro de la ciudad, con sus techos y chimeneas de aspecto lúgubre.

La noche de agosto era hermosa y tranquila, y la ventana de la casa permanecía abierta. A la luz de una lámpara verde, sentado en un escritorio, el médico leía un grueso volumen de portada gastada por años. El Dr. Morgan, de poco más de treinta años, podría haber pasado por un hombre guapo si no fuera por la espantosa delgadez y palidez que estropeaban su imagen. Era el pelo alto, tupido y castaño con reflejos rojizos, y lucía una barba corta y un poco más oscura que enmarcaba un rostro de facciones regulares. Sus grandes ojos, severos y pensativos, tenían una coloración peculiar: azul grisáceo en las horas tranquilas y más oscuros en los momentos de agitación. Esa mirada de extraordinaria movilidad reflejó en un instante la más mínima sensación en su interior.

Todo anunciaba en su oficina que Ralph era un hombre de estudios, sabio y trabajador: la vasta biblioteca, con los estantes llenos de libros, revistas y folletos que trataban no solo de medicina sino de todos los demás asuntos relacionados con las diversas ramas del conocimiento humano.

El médico se dedicó libremente a la lectura y al trabajo personal, ya que apenas recibía clientes, obteniendo su apoyo de un trabajo bien remunerado en un sanatorio para enfermos mentales.

Esta modesta situación lo satisfizo, ya que su delicada salud lo obligaba a un estilo de vida tranquilo y regular; pero el médico utilizó su tiempo libre para mejorar su ya brillante inteligencia. No en vano se dedicó día tras día a un problema insoluble: la locura.

El incesante contacto con el incomprensible mal, escapando a la investigación científica, instó al médico a rasgar el velo del misterio; pero en vano deambuló por las obras de la ciencia práctica y las obras místicas y alquímicas; ni el trabajo de sabios psiquiatras ni las oscuras fórmulas de Paracelso le dieron la clave del secreto.

A veces, después de inútiles esfuerzos por resolver el rompecabezas - una solución que seguía corriendo de su mente - la ira lo invadió -. Y muchas veces, después de infructuosos intentos por encontrar formas de curar las dolencias del espíritu, el médico se deja penetrar por la indignación contra las leyes crueles, envuelto en misterios que esconden la clave de la cura.

Dejando a un lado el volumen que leía sobre hipnotismo, el médico miró fríamente su mano que sostenía un marcador de libro de marfil y se estremeció al imaginarse esa misma mano apoyada en su pecho inerte.

-... Sueños, le había dicho su joven amigo, un viejo maestro, su viejo maestro, después de haberlo examinado unas semanas antes. Su corazón está enfermo y sus pulmones están dañados. Necesita descanso físico e intelectual completo, de lo contrario...

Ralph suspiró profundamente; entendió el significado de esa última palabra. Como médico sabía lo que representaban los dolores en el pecho, los latidos del corazón desordenados, la dificultad para respirar, la debilidad y la tos seca que le provocaba llevar sangre a la boca. Cerrando los párpados, dejó que el miedo a la muerte se deslizara lentamente en su mente.

La angustia y el miedo de este "no-ser" acercándose abrumaron su corazón. ¿No existen algunos medios para prolongar la vida y detener la descomposición del cuerpo?

Inesperadamente se le recordó de una lectura en un libro sobre la oculta:

"El elixir de la vida existe, pero su secreto se perdió", los alquimistas buscaron en vano en los órganos y en la sangre de las vírgenes, los niños y los animales, las plantas y el ambiente. Sin embargo, los libros de magia hablaban del elixir como una realidad irrefutable Ah, si fuera posible encontrar ese fluido vital, una fuerza poderosa e imperceptible, que anima a los seres vivos y organizados, desde los más elementales hasta los más complejos...

Un toque breve y agudo del timbre interrumpió el curso de sus agitados pensamientos. Se enderezó, a la espera, pero el viejo Patrick, su único sirviente, debía, sin duda, estar durmiendo profundamente, ya que ningún ruido se oyó en el pasillo de entrada.

El timbre sonó por segunda vez. Ralph se levantó; tal vez algún vecino enfermo mandó a buscarlo.

Esto rara vez sucedía, pero aun existía la posibilidad.

Como Patrick no mostró ningún signo de vida, él abrió la puerta. Un hombre de buena estatura estaba de pie en la puerta, vestido con un abrigo oscuro y un sombrero de fieltro de ala ancha, que llevaba consigo una pequeña caja de plata cincelada.

- ¿Es el Dr. Morgan con quien tengo el honor de hablar? - Preguntó el extraño con voz profunda y sonora.

- Él mismo... Estoy a tu servicio.

- En ese caso, permítame entrar, ya que tengo que tratar un tema muy importante que le interesa especialmente.

Se sentaron y hubo un largo silencio.

Ralph estaba examinando a su visitante con curiosidad. Parecía tener unos treinta y cinco, cuarenta; e incluso muy saludable y fuerte, se mostró en ese momento visiblemente pálido y fatigado. Sin embargo, ninguna arruga surcaba su frente, ni un mechón de cabello blanco sobresalía de su espeso cabello, negro como el ala de un cuervo.

Su rostro con rasgos helénicos podría servir de modelo para una obra de Fidias.

Pensativo, el extraño miró los libros apilados en la mesa de trabajo, luego levantó suavemente sus grandes ojos negros hacia Ralph.

- Busca el elixir de la vida y le gustaría tenerlo...

- ¿Quién es usted que conoce mis pensamientos? - Murmuró Morgan, saltando de su silla.

El misterioso visitante sonrió y dijo:

- Siéntese y no tema nada; no soy el diablo como suponía. Soy un hombre como usted y entre nosotros solo hay una diferencia: usted quiere vivir, mientras yo quiero morir. Ha vivido muy poco y yo he vivido demasiado; quiero entrar en el espacio infinito... y vine a proponerle el intercambio. Usted tiene la muerte y yo la vida. Deme una sola gota de su sangre y, a cambio, lo convertiré en el señor del Elixir de Larga Vida. ¿Qué le parece?

El médico miró al extraño con inquietud. Sin duda, estaba en presencia de un loco, pero no tuvo tiempo de reflexionar sobre qué hacer entonces. Su invitado se rio, tan grande y fuerte que Ralph se sorprendió.

- Está pensando que estoy loco y está pensando en cómo deshacerse de una visita desagradable - dijo el extraño con benevolencia -. Tenga la seguridad, joven amigo, tengo mis razones. Aunque mis palabras son increíbles, representan la verdad inmutable. Tengo, de verdad, el elixir de una larga vida. Y ahora hablemos en serio. Hace mucho tiempo que buscaba al hombre a quien transmitir mis conocimientos y el misterio de mi existencia; pero todas mis búsquedas siempre fueron en vano. Estudié su vida, su carácter, sus aspiraciones, conozco sus dudas y la sed de conocimiento que lo atormenta. Llegué a la conclusión que es el más capaz de cosechar mi herencia. Dígame, francamente entonces: ¿le gustaría vivir para siempre?

El joven médico se sonrojó y se enderezó:

- ¡Ciertamente que sí! Pero dudo que pueda darme lo que promete... ¡Qué gran gloria sería la suya si fuera verdaderamente el dueño de los medios de conservación de la humanidad terrestre...!

- ¿Por qué cree que, poseyendo el secreto de una larga vida, deseo apoderarme de este planeta con millones de seres innecesarios? Los benefactores de la humanidad son raros y dudo que acepten usar mis medios. Ahora aquí están mis condiciones: quiero de usted, un poco de su sangre... en ella ya existe el aliento de la muerte. Es médico y lo sabe; la condición de su corazón y pulmones no se puede curar con métodos conocidos. A cambio de esta sangre que me ayudará a morir, le daré el elixir de larga vida. Una gota en un frasquito es suficiente para curarlo y hacer que su vida sea casi eterna. Nunca toque el resto del elixir. Tenga cuidado de no revelar su secreto a nadie; no se dejes llevar por el deseo de poblar la tierra de seres inmortales. Y una palabra más: dándole el elixir de una larga vida, también te lego mi conocimiento, mi fortuna y mi nombre. Ahora decida: ¿quiere ser mi heredero? Le daré diez minutos para reflexionar.

Ralph se quedó atónito.

Los pensamientos se arremolinaron en su cerebro causando un dolor agudo en su cabeza y la abrumadora emoción lo dejó sin aliento. De repente, al encontrarse con la mirada inteligente y enérgica del extraño, la calma y la decisión regresaron a él.

- Acepto; deshágase de mí - dijo, levantándose y extendiendo su mano al extraño visitante que, estrechándole la mano extendida, se levantó también.

- En ese caso debe irse inmediatamente conmigo.

- ¿Durante mucho tiempo?

- Esto dependerá de las circunstancias. Según las probabilidades, unas semanas.

En ese caso, le pido que me conceda un cuarto de hora para hacer los preparativos y decirle a mi criado que me voy por asuntos de herencia.

- ¡Muy bien! Esperaré en las escaleras.

En unos momentos Ralph había metido algo de ropa en una maleta, así como dos trajes. Luego despertó a Patrick, le dio las órdenes necesarias y le dio dinero para los gastos.

Luego se unió al desconocido.

Bajaron las escaleras en silencio, tomaron asiento en un vagón que los esperaba y se dirigieron a la estación de tren donde abordaron el tren para Dover.

El extraño ocupaba un camarote reservado; tan pronto como partió el tren, invitó a Ralph a cenar. Pero el joven todavía estaba excesivamente abrumado por la agitación interior y no sentía apetito en absoluto.

Su acompañante se dirigió a él con chistes tan divertidos, abriendo una canasta llena de manjares, que el médico se fue calmando poco a poco, comió y bebió el mejor vino, decidiendo finalmente preguntar a qué extraño lugar lo llevaba.

- Al continente... y luego lo verás por ti mismo - respondió el extraño con una leve sonrisa.

El viaje duró varios días y los viajeros no se detuvieron en ningún lado, ya que esto no les convenía.

Pero la ruta se desarrolló en condiciones de comodidad tales que Ralph, a pesar de su enfermedad, no experimentó ninguna fatiga.

En un momento, se dio cuenta que este era el final del viaje: el cantón de Valais, Suiza. Se detuvieron en un pueblo aislado al pie del Monte Rosado.

Y el misterioso compañero de viaje le anunció al médico que a la mañana siguiente emprenderían la ascensión a la montaña.

Ralph estaba muy sorprendido, pero no hizo ningún comentario, porque estaba decidido a correr el riesgo de esta aventura. ¿Cómo no vivirlo hasta el final?

A la mañana siguiente, después de vestirse con equipo de montañismo, los viajeros estaban en camino.

Tan pronto como llegaron a las primeras cumbres y el aire se volvió más fresco, el extraño preguntó sonriendo:

- Nos veremos obligados a pasar la noche en el hielo; ¿No tienes miedo de congelarte, amigo?

Ralph se encogió de hombros y respondió:

- Espero soportar el frío como cualquier otro hombre, y como mi cuerpo se está consumiendo poco a poco, no me importa morir un poco más tarde o más temprano. También, si lo hace, no es loco, y mi vida que es necesario, no me dejan remordimientos.

- Tu coraje llega al estoicismo y eso me agrada. Y tienes razón, tu vida me es preciosa y para deshacerse de toda la fatiga inútil, toma estas pastillas y no sentirás ni frío ni cansancio.

Al ver a Ralph vacilar, añadió con una ligera dosis de ironía:

- Chupa las pastillas. Aun no contienen el elixir de la vida y son solo un narcótico que te dará fuerzas.

Continuaron el camino.

Aunque se hizo más difícil caminar, ya habían llegado a los límites de la nieve eterna. El extraño no parecía cansado; Ralph se maravilló de su propia capacidad de recuperación y sintió que una energía vigorizante corría por sus venas.

Pasaron la noche en una choza vacía y partieron de nuevo con los primeros rayos del amanecer.

El médico ya había olvidado el tiempo transcurrido desde el inicio del ascenso a la montaña, habían cruzado el glaciar, flanqueado precipicios y trepado alturas verticalmente; era evidente que se habían desviado de la ruta turística habitual y entrado en una parte inexplorada de esa soledad nevada.

El forastero avanzó con una confianza que mostraba perfecto conocimiento del camino. Después de haber bordeado una elevación, de repente llegaron a un lugar rocoso y desierto. El camino continuaba hacia un lado por pequeños escalones regulares que parecían haber sido excavados por mano humana y terminaban en una profunda caverna.

Completando el peligroso descenso, los viajeros se toparon con otro glaciar y luego de un cuarto de hora de caminata llegaron a la entrada de una gran cueva iluminada por una luz azulada.

Ralph entró allí con un sentimiento de curiosidad y angustia con su compañero. Su sorpresa aumentó cuando notó un muro de piedra facetada que se deslizaba silenciosamente sobre ejes invisibles en cuanto su compañero apretó un botón de luz, escondido en una de las aberturas del muro.

Un pasillo estrecho, excavado en una roca, se abrió para ellos. El extraño accionó un interruptor empotrado en una pared e inmediatamente la luz eléctrica iluminó todo el pasillo.

- ¿Tienes luz aquí? - Balbuceó Ralph, cuyos ojos no podían creer lo que veían.

- ¡Dios mío! ¿Por qué no utilizar los inventos de los modernos industrializados para aumentar la comodidad de esta casa, el "Elixir de la Vida"? Estamos en la tierra que le pertenece a Él y a Sus agentes - respondió el misterioso guía de Ralph con una alegre sonrisa.

Al final del pasillo, el médico notó una escalera de caracol que conducía a una plataforma donde se abrían muchas puertas. El extraño empujó a una de ellos y ambos se encontraron en una proyección de roca en forma de terraza. Una vista magnífica se extendía allí y Ralph, sin reprimirse, dejó escapar un grito de emoción.

Desde esa formidable altitud, se desplegó un paisaje mágico. Los acantilados, las llanuras nevadas y los cráteres profundos parecían perderse en la bruma púrpura de los rayos del sol poniente. A lo lejos, campos y prados verdes se extendían gigantes, verdes como esmeraldas.

Y en ese instante a Ralph le pareció que nunca se había sentido tan fuerte, que la tierra nunca le había parecido tan hermosa y la vida tan deseable.

El desconocido cruzó los brazos sobre el pecho y contempló esa espléndida vista con una mirada triste y pensativa.

Un momento después, se pasó una mano por la frente como para expulsar los pensamientos inoportunos y, volviéndose hacia Ralph, dijo:

- Vamos, que es tiempo para obtener tu fuerza de vuelta... Vamos a hablar de nuestro negocio en un momento.

Ellos volvieron.

Después de mostrarle al doctor los secretos de la salida, abrió la puerta opuesta y condujo a Ralph a una habitación circular de tamaño mediano.

Un fuego ardiente ardía en el hogar y una brisa agradable reinaba en la habitación.

Ralph miró a su alrededor con curiosidad. Las paredes estaban completamente revestidas con tapices orientales de colores oscuros. Una alfombra gruesa cubría todo el piso. Contra una pared había un mueble con puertas cinceladas, y en otra había una gran mesa de trabajo llena de libros y pergaminos. Todavía había algunas sillas de estilo antiguo en la habitación, con incrustaciones de oro y marfil, en el centro una mesa para dos cubiertos. Cerca de ella había un gran candelabro.

El desconocido anfitrión colocó una pequeña caja fuerte sobre la mesa y encendió velas.

Luego sacó de un armario varias botellas de vino, un gran pastel, fruta e invitó a su invitado a sentarse a la mesa. El extraordinario paseo había abierto el apetito de Ralph.

Tan pronto como los dos hubieron satisfecho su hambre, el anfitrión arrastró su silla hasta la chimenea e invitó al médico a hacer lo mismo.

- Ha llegado el momento de estudiar con seriedad y en detalle el tema que nos ha traído hasta aquí. Hace muchos siglos, también me senté en esa silla que ahora ocupas y escuché con angustia y emoción la historia de la vida de mi predecesor. Ahora es tu turno de escuchar la narrativa de mi vida pasada. Mi nombre oficial es Narayana Supramati y soy un príncipe hindú. Quien me recibió legó el "Elixir de la Vida" el nombre, así como todos los documentos legales y privilegios que coinciden con los títulos. Mi verdadero nombre es Archezilai; nací en Alejandría, durante el reinado de Ptolomeo Lages, quien gobernó Egipto después de la muerte de Alejandro Magno. Mi padre, Clonius, sirvió en las fuerzas comandadas por Lágide, y vinculó su destino al de su jefe.

Ptolomeo, después de convertirse en gobernante de Egipto, en gran parte recompensó a mi padre y elevado a una posición de mucha altura en la Corte. Me revolqué en el lujo y me perdí en una vida indolente, dedicado exclusivamente a los placeres que mis padres me proporcionaban como como hijo único.

Perdí a mi padre a los veinticinco años. Aproveché eso para llevar una existencia rebelde, derroché toda mi herencia en cinco años. Una mañana me desperté pobre y enfermo.

Los amigos que siempre asistían a mis fiestas, las mujeres que se disputaban mis galanterías entre ellas y los parásitos que se aprovechaban de mi generosidad, todas me abandonaron...

Me quedé solo y sin un centavo y ciertamente me habría muerto de hambre si no hubiera sido por un ex soldado que servía a mi padre; me acogió y me cuidó. Su nombre era Merion. Tan pronto como yo fui capaz de caminar, dejamos Alejandría y nos dirigimos a una pequeña propiedad heredada por Merion, mi benefactor...

Una nueva decepción nos esperaba allí la pieza de. La tierra yacía en el borde del desierto y podría apenas alimentarnos. La casa era una casucha medio destruida; sin embargo,

Merion no quería, de ninguna manera, regresar a Alejandría... Era un hombre silencioso y misántropo.

Yo no protesté cuando él escogió vivir en una cueva y le ayudé con el trabajo que nos permitió vivir muy modestamente.

El aire fresco y el trabajo me devolvieron la salud y esta nueva vida me absorbió por completo.

Cuatro años después, Merion falleció y me quedé solo; la soledad me llegó amargamente y finalmente se volvió intolerable. Recordé mi antigua vida, llena de lujo y comodidad, sociedad, elegante y culta, y me sentí irresistiblemente atraído por ese mundo de donde había sido expulsado para siempre. Una angustia cruel se apoderó de mí. Día a día la vida se hacía más odiosa y el deseo de volver al mundo se hacía más intenso, irrealizable, ya que no tenía nada más que esa cueva.

Una noche, acostado a la entrada de mi miserable morada y con pensamientos lúgubres, escuché pasos que se acercaban; una voz desconocida llamó mi nombre. Me levanté sorprendido. Ante mí estaba un hombre de gran estatura, vestido con una túnica oscura y cuyo rostro era expresivo y enérgico.

- ¿Quieres morir, Archezilai, para deshacerte de la vida miserable y desdichada que llevas en este desierto? - Dijo con voz sonora, mirándome con mirada ardiente -. Aunque te has merecido tu suerte, eres el único responsable por tu desgracia; sin embargo, tengo piedad de ti: Si lo deseas, te llevaré a un lugar donde estarás libre para siempre de la miseria y donde vivirás todo el tiempo que quieras. Luego sabrás quién soy. No te preocupes por el resto.

Luego sacó una bolsa de su manta, me la entregó y colocó una canasta en el suelo.

- Encontrarás en este paquete la ropa y las cuchillas para cortarte el pelo y la barba. Ve, lávate en la fuente y regresa rápido.

No lo obligué a repetir la orden, recogí el paquete y me dirigí a la fuente para lavarme. Enseguida, me vestí con un traje de violeta y botas de cuero. A cierta distancia de la cueva, dos magníficos caballos nos esperaban, sujetados por un criado jorobado de pequeña estatura, similar al que nos acompañó hasta ahora.

Llegamos a Alejandría. Aunque me encontrase con una bolsa llena de dinero, mi protector no me permitió ver a mis amigos. Esa misma tarde nos embarcamos hacia Europa.

Mi compañero me condujo exactamente a este palacio. Desde la explanada de los acantilados pude disfrutar de la misma vista que ahora te encanta. Luego entramos a esta misma habitación donde nos encontramos ahora. Aquí casi no se han producido cambios desde entonces; son los mismos tapices que recubren la pared y las mismas sillas.

No hace falta decir sobre las transformaciones y mejoras que hice.

Sentado como tú hoy, escuché la narración de mi compañero, de la misma manera que lo haces hoy. Luego me mostró lo que vas a ver a continuación.

Narayana se levantó y se acercó a un armario del que había sacado de la habitación. El armario era una palanca de hierro trabajada con piedras preciosas, dibujando una figura cabalística. Después de explicarle al médico cómo funcionaba el mecanismo, Narayana abrió una habitación llena de cofres y cajas fuertes de todos los tamaños. un objeto similar a una almohada metálica, sobre la cual había una caja fuerte oscura, una llama parecía salir de su tapa.

Narayana tomó la caja fuerte, la llevó a la mesa y la abrió. El interior estaba forrado con una tela azul desconocida para Ralph.

En el fondo maravillosamente suave había dos viales sellados con tapas de oro, una pequeña cuchara dorada del tamaño de una cáscara de nuez y un pequeño cajón redondeado forrado con marfil. El joven doctor miraba con un sentimiento de curiosidad mezclado con asombro supersticioso: el contenido del cofre y los frascos contenían uno de los mayores misterios terrenales.

- He aquí el "Elixir de la Larga Vida" - dijo Narayana -. ¿Quién lo descubrió? ¿Quién arrebató esta formidable sustancia del caos cósmico? Yo lo ignoro. El que me inició declaró que lo recibió de la misma manera que yo te lo transmito ahora mismo.

Sin embargo, te cuento lo que se dijo de ti, sin probar la veracidad de esas palabras, porque todo aquí es un misterio y las cualidades del elixir de larga vida aun no han sido completamente estudiadas y existe el temor de manipular esta peligrosa sustancia. Se cree que es un gas con la propiedad de mantener el equilibrio entre los diferentes elementos del cuerpo humano. Otra tradición afirma que, bajo la protección de cuatro guardianes, esta sustancia brota de una fuente de fuego, en el centro de la tierra; un día, un profano llegó a tales profundidades de nuestro globo y se apoderó de una cierta cantidad de este misterioso líquido.

¿Cómo lo consiguió?

¿Sabía el proceso químico para crear el fuego líquido que llena estos viales y el polvo en esta caja fuerte? Todo sigue siendo un misterio y solo puedo mostrarte cómo usar estas sustancias.

Narayana abrió la tapa del vial que contiene un polvo blanco, y mostrando la cuchara dorada, dijo:

- Si toma una cucharada de este fuego líquido del matraz y una cantidad de polvo del tamaño de una cabeza de alfiler, y luego los mezcla, las dos sustancias se convertirán en un líquido transparente e incoloro como el agua. Y tendrá suficiente para traer la inmortalidad a muchos cientos de hombres. No será necesario que lo prepares tú mismo, ya que el elixir preparado por uno de mis predecesores te bastará, al igual que muchos de sus sucesores. Te lo entregaré a la hora exacta. Pero dime si quieres recibir el elixir de la vida que tanto anhelabas poseer y aceptar todos los deberes relacionados con este misterioso regalo.

Ralph se cubrió la cara con las manos.

- Todo lo que me queda dicho hasta ahora es un extraño que mi cerebro no es capaz de orientarse... - murmuró.

- ¡Cálmate! Entiendo tu emoción, como la he sentido antes. Además, necesito agregar algunos detalles necesarios para que conozcas los aspectos buenos y malos de esta vida que cuenta los siglos mientras calculas los años. Nunca volverás a enfermarte y la fatiga, el frío y el calor ya no te afectarán. Vas a dormir como de costumbre, pero serás capaz de estar sin ningún descanso. Estarás sujeto a la sensación de hambre y aun tendrás un apetito agradable, pero podrás vivir mucho tiempo sin comida.

El elixir misterioso llenó no sólo el cuerpo sino también el alma de fuerzas desconocidas. Te convertirás en vidente, aclararás, verás y comprenderás las cosas imperceptibles para mortales y podrás curar, con un solo gesto, las más diferentes enfermedades. ¡El veneno, los proyectiles, el fuego, las consecuencias de todos los excesos dejan de ser peligrosas y pronto tu cuerpo se hará indestructible...!

Narayana tomó la caja que se había llevado y sacó un fajo de papeles.

- Aquí están los documentos que prueban la legitimidad del nombre y la riqueza del Príncipe Narayana Supramati. Este es mi testamento ratificado por un notario inglés de Calcuta y por el cual lego a mi hermano menor, cuyo nombre es el mismo, Narayana Supramati, todas mis propiedades, cuya lista está escrita, así como la suma de cien millones en depósitos en las distintas orillas del Viejo y Nuevo Mundo. Además, el poseedor del elixir de la vida tiene mucho más que esa fracción de una fortuna ilimitada. Mira este joyero.

Narayana se acercó nuevamente al armario y abrió varios joyeros.

- Todos están llenos de diamantes, perlas, rubíes, esmeraldas y varias piedras preciosas; cada uno de ellos representa una fortuna entera.

Apretó un botón y una trampilla se abrió instantáneamente, dando acceso a un gran pozo.

- Aquí se encuentran los lingotes de oro puro. Ignoro por completo la profundidad de esta mina de oro y tal vez descienda hasta el pie de la montaña. En cualquier caso, ¡el tesoro permanece inagotable y te permite vivir como un rey...! Y ahora examinemos el reverso de la medalla. Después de saciarse con todas las alegrías que la "riqueza sin límites puede ofrecer, y después de haber satisfecho su vanidad, contemplando la vileza y las acciones vengativas" de los hombres que se arrastran ante el oro, habiendo finalmente disfrutado de todos los aspectos del amor y el vicio, el hombre se ve afectado por una terrible enfermedad, inseparable de su inmortalidad: la saciedad. El deseo irresistible de escapar del mundo se apodera de él, de escapar de una vez por todas a los placeres, a todo el vacío, a la adulación y a la codicia de los hombres. Todo lo entendió, lo probó todo, el alma descansa sobre este cuerpo infatigable; luego comienza a sentir el deseo de soledad, de calma; tiene una sed malsana de libertad. Para comprender esto es necesario haber vivido. Cuando me suceden estas horas de desesperación, siempre me refugio en uno de mis castillos solitarios o en un retiro apartado del Himalaya.

Allí, solo, con algunos sirvientes indispensables, busco el olvido y el consuelo en el trabajo y en el sueño. Pero el sueño, ese consolador de los pobres y los desheredados, no me apacigua. Vivo horas oscuras, golpeando las puertas del infierno., invocando a los espíritus que habitan en ella. la sed de vida y la relajación a atraer y vienen a rogarme que darles al menos una pequeña gota del elixir de la vida para que se puedan vestir a sí mismos en la envolvente que es el cuerpo terrestre.

- ¿Y se los da a estas criaturas impuras? - Murmuró Ralph.

- ¿Cómo pudiste pensar eso? Soy inflexible en que siempre he temido enfrentarme imprudentemente a leyes terribles y desconocidas.

Reinó un largo silencio. Ralph, pálido, con ojos febriles y mudo, contempló los tesoros acumulados y el terrible líquido.

- Trata de calmarte y pensar libremente. No exijo una respuesta inmediata. Tienes derecho a querer que exista el tiempo para pensar en los "pros" y los "contras" de la propuesta.

Se levantó, ordenó las cajas y las cajas fuertes, cerró el armario. Luego se volvió hacia Ralph y dijo:

- ¡Ven! Para distraerte, te mostraré la habitación de los antepasados, el lugar donde yacen mis antecesores.

Levantó una cortina y abrió una puerta. De nuevo se encontraron en un corredor estrecho y excavado en la roca. Después de haber dado veinte pasos, dobló a la derecha y vio al médico con espanto que la galería continuaba, tallada en hielo. En este pasillo notó aquí y allá, trípodes de hielo, en los que se quemaba una sustancia que proyectaba una luz deslumbrante, pero sin calor. Un frío helado se apoderó de las paredes azuladas y la transparencia del cristal. Ralph siguió a su extraño guía, sintiendo escalofríos desagradables.

A los pocos minutos de marcha entraron en una gran cueva, iluminada como la galería, y de una altura fantástica. La atención de Ralph se centró de inmediato en una hilera de sarcófagos tallados en la nieve, un pequeño número de los cuales estaban ocupados por cadáveres. Con el corazón acelerado, Ralph examinó los restos de estos hombres que habían vivido fuera de las leyes conocidas de la naturaleza, y la raza a la que podría pertenecer, si así lo deseaba.

Todos eran hermosos; en su mejor momento, parecían dormir pacíficamente en sus tumbas heladas; todos iban igualmente vestidos con túnicas blancas largas y sueltas; sus cabezas estaban coronadas de flores blancas fosforescentes, frescas como recién arrancadas.

Narayana se acercó a uno de estos inmortales que descansaba en un sueño tranquilo y clavó su mirada pensativa y sombría en él. Luego, volviéndose hacia el médico, mostró un sarcófago vacío y lo pronunció con acento imposible de definir:

- Mi lugar estará cerca del que me inició; entonces... más lejos estará el tuyo, el día en que quieras poner fin a tu largo peregrinaje por la Tierra.

Ralph lo miró inquisitivamente.

- Con todo, no eres inmortal y tu cuerpo es destructible, ¡puedes morir!

Narayana sonrió.

- Sí, puedo morir, pero eligiendo el momento adecuado para disociarme de mi cuerpo. Entiéndalo bien: si elijo el momento y tomo por segunda vez el elixir de larga vida mezclado con la sangre extraña, ya corrompida, entonces quemo las ataduras que me sujetan y seré libre.

- Yo también podría, si es necesario, ¿emplear este medio para mi liberación?

- Ciertamente; si fija el momento propicio, pero no antes de unos siglos. Finalmente, no creas que es fácil morir después de haber vivido tanto. ¡Ah! ¡¿Qué le pasaría al hombre si no tuviera esta esperanza de manumisión?! Conserva luego con cuidado el líquido misterioso; si llegas a perderlo o te lo roban, se pierde la posibilidad de morir... Y ahora vuelve.

Al cruzar la galería de hielo, Ralph sintió que su cuerpo volvía a temblar. El frío le penetró hasta los huesos y una terrible debilidad le paralizó las piernas.

En la sala redonda tomó una copa de vino y pareció recuperar las fuerzas. Luego le pidió permiso a Narayana para acostarse; sentía tal lasitud que le sería imposible reflexionar o tomar una decisión.

Narayana condujo así a su invitado a una pequeña habitación excavada en la roca y lujosamente amueblada. Un fuego vivo ardía en la chimenea, expandiendo un calor agradable, pero Ralph continuó temblando durante todo el camino. Sin siquiera desvestirse, se tiró sobre un diván, se cubrió con una manta de lana muy gruesa, y se quedó dormido enseguida en un sueño pesado y febril. Ardía de fiebre. Un escalofrío helado lo recorrió, sus brazos y piernas se sentían pesados, y las hojas de fuego le atravesaron el pecho. Médico, pronto comprendió que se había resfriado en el glaciar y que ahora sufría la aparición de una congestión pulmonar. Él quería a levantarse, pero no tenía la fuerza y cayó desesperadamente en el sofá. ¿Moriría solo en esta cueva, tan cerca del misterioso elixir?

Pronto entró Narayana. Después de examinar al paciente, negó con la cabeza y dijo con interés:

- Creo que abusé de tu fuerza. Te tomaste un resfriado y este nuevo mal precipitará lo inevitable, amigo mío, hazme un favor, antes que muera - Dame un poco de tu sangre, para que pueda usarla en mi liberación...

Ralph extendió la mano y sonrió débilmente.

- Tómala... - murmuró.

Narayana se levantó la manga de la camisa y sacó un vial de su bolsillo; luego, con un bisturí, hizo una incisión en la piel. La sangre brotó y Narayana llenó el vial; con la destreza de un cirujano experimentado, vendó la herida.

- Te lo agradezco. ¡Y ahora adiós! - Narayana dijo estrechándole la mano febril a Ralph; fue a la puerta; Ralph lo llamo con voz estrangulada:

- Dame un poco de tu elixir... por si la muerte me asusta demasiado - tartamudeó, lleno de deseo y vergüenza.

Una extraña sonrisa cruzó el hermoso y serio rostro de Narayana...

-Bueno... te lo traigo - respondió.

Un minuto después regresó con una caja fuerte que abrió. Allí había dos botellitas, una más grande que la otra.

Narayana tomó un vaso de cristal y vertió un poco de
líquido. llenó la botella más grande. Luego, llevando la taza
a la luz, le mostró al médico la sustancia igual al fuego
líquido que se mueve en el fondo.

 - ¡Mira! - Declaró, dejando el vaso sobre la mesa y
cubriéndolo cuidadosamente con un delgado portaobjetos
de vidrio. Si lo bebes, serás señor de aquí, de toda mi
herencia. Esta botella contiene el elixir listo para usar.
¡Adiós!

 Y después de poner el frasquito en la caja fuerte, se
inclinó y se fue.

 El médico se quedó solo. Fija la copa que contenía la
inmortalidad, se quedó de pie, inmóvil, incapaz de a decidir
si tomar las tales gotas necesarias. Mientras tanto, su estado
empeoraba a cada momento. Su cuerpo debía estar con
fiebre muy alta; dolores agudos dilaceraban su pecho, la
respiración se hace difícil y parecía, por un momento, que
podría asfixiarse. Aunque de la bebida vivificante que él
tenía a la mano, la sed se hacía cada vez más tortuosa. Una
nube oscura descendió sobre sus ojos y el médico a veces
perdía el conocimiento. La terrible incógnita que cega la
vida humana estaba a la mano...

 De repente, un amargo recordatorio sacudió el
corazón de Ralph: ¡ni siquiera había vivido! su laboriosa
juventud se había escurrido en la pobreza y la lucha por el
pan de cada día, y cuando finalmente había ganado una
modesta facilidad, llegó la enfermedad... Ahora debe morir
cerca de un vaso lleno de vida, elixir de la vida, y
desaparecer, víctima de su propia indecisión. Ciertamente

el misterio de esta obra era espantoso, inconcebible, pero ¿no sería preferible esto a la pesada muerte que lentamente lo penetraba?

De repente le faltó el aliento; una masa pegajosa llenó su pecho, subió a su garganta y lo estranguló. Círculos de fuego se arremolinaban ante sus ojos y Ralph perdió la conciencia de lo que le rodeaba.

II

Tan pronto como Ralph volvió en sí, la fiebre había dado paso a una sensación de frío helado y debilidad mortal; sus miembros se sentían como el plomo y se negaban a moverse... Él observaba con asombro, o creyó ver, un negro de vapor que emana de las manos y el pecho. La angustia persistente, el horror loco se apoderó de él al pensar en su extinción tan cerca. Quería tomar el vaso, pero no podía levantar el brazo. Había esperado demasiado... ¡Pero no...! No moriría cuando la salvación estaba tan cerca; toda su voluntad se despertó y en un esfuerzo sobrehumano se levantó; sus dedos helados tocaron el cristal y arrojaron la tapa de cristal al suelo.

Un perfume muy fuerte y sofocante lo golpeó en la cara y su acción fue tan violenta que parecía aspirar a la vida misma. Su razón se aclaró y la respiración se hizo más fácil. Sin dudarlo más, se llevó el vaso a los labios y lo apuró de un trago.

Primero Ralph pensó que había bebido fuego líquido, luego experimentó un desbordamiento interior. Su cuerpo se disoció en millones de átomos que se arremolinaron en un mar de luz resplandeciente. El pensamiento de eso había sido engañado y envenenado en su cabeza; luego cayó muerto en el sofá.

No podía decir cuánto tiempo estuvo en este estado de inconsciencia. Incluso cuando abrió los ojos, no pudo recordar los últimos acontecimientos con más claridad y creyó que estaba en Londres, en su pequeño apartamento. En su mudo asombro, su mirada vagó hacia la habitación en la que se encontraba, las gruesas telas orientales, los muebles antiguos y monstruosos que llenaban la habitación en sus lugares, ¡todo tan desconocidos para él!

Pero el vaso vacío en la cubierta obligó a Ralph a recordar su extraordinaria aventura.

La angustia y el terror agudos ante esta acción irrevocable y desconsiderada lo oprimieron. Repasó su llegada a la cima del glaciar, evocó la conversación con el desconocido, su propia agonía y el miedo a la muerte que lo había llevado a tomar esa esencia misteriosa cuyo efecto interrumpió la descomposición de su cuerpo. Se sentía fuerte y con muy buena salud, como nunca antes se había sentido. Un calor agradable corría por sus venas. Sus pulmones respiraban con facilidad; su corazón latía tranquilo y regular. El irresistible deseo de ver a Narayana se apoderó de él. Saltó del sofá, se levantó apresuradamente y se acercó a un espejo en el que no se había fijado antes. Encendió velas en dos candelabros y estaba a punto de peinarse el espeso y oscuro cabello cuando se miró descuidadamente en el espejo; se estremeció de emoción, retrocediendo un paso; ese hombre apuesto, lleno de fuerza y energía, ojos brillantes de luz intensa, labios rojos - ¡ese hombre joven era él...! Ningún rastro de pálido rostro terroso, las ojeras, la debilidad que lo había jorobado antes de la edad., tu talle alto y elegante. ¡Eso era un milagro! ¡Era

otra persona! Sintió que una fuerza vital inagotable había
vuelto a entrar en sus arterias.

Lentamente volvió sobre sus pasos, se sentó en un
sillón, su rostro escondido entre sus manos, y se hundió en
la meditación. La angustia y el terror de antes habían
desaparecido, dejando espacio para una extraña serenidad,
un profundo bienestar, mezclado con un sentimiento de
ufano orgulloso.

Un minuto pasó... Ralph se levantó, estiró con gusto
las piernas y los brazos llenos de fuerza, y salió de la
habitación; quería ver a Narayana e interrogarlo sobre
numerosos problemas que aun le parecían oscuros, pero lo
buscó en vano. Bajo las garras de dolorosos
presentimientos, casi corrió a las tumbas de sus
antepasados. Esta vez cruzó la fría galería sin sentir ningún
frío; una corriente casi eterna parecía emanar del hielo, pero
esto casi pasó desapercibido. Con el corazón oprimido,
entró en la habitación donde se encontraban los sarcófagos
helados de estos misteriosos hombres que se habían saciado
de la vida. Con una simple mirada, podía estar seguro de la
verdad que le había hecho sentir a Narayana; en uno de los
ataúdes previamente vacíos, Narayana ahora descansaba.

Ralph corrió hacia él, sofocando un grito, y,
inclinado sobre la tumba, contempló el bello rostro inmóvil
en el que la clara expresión de triunfo parecía haberse
desvanecido: había penetrado en el misterio, habiendo
cortado voluntariamente la soga que lo ataba a la materia
no deseada. Llegaría un día en que Ralph seguiría el mismo
camino y se detendría junto al que lo había iniciado.

Una debilidad repentina lo invadió; se inclinó sobre su futuro ataúd y cerró los ojos. Un inmenso terror se apoderó de él, dada la inmensidad del tiempo que se agotaría ante su espíritu, como si fuera un camino sin fin...

- ¡Oh, Narayana! ¿Por qué me tentaste? ¿Por qué me dejaste sin decirme cuál era esa esencia que tomé? ¡¿Qué debo hacer para llenar este vórtice de tiempo sin perder la razón?! - Murmuró con tristeza y desesperación.

- Estudia los misterios que te rodean, busca la verdad en todas sus formas, y la eternidad misma no parecerá tan larga - respondió una voz profunda y sin vibración.

Ralph se estremeció y luego se enderezó con un rápido gesto, mirando con asombro y miedo a un anciano muy alto que estaba a la cabeza del sarcófago de Narayana.

Los rasgos sombríos del rostro del extraño respiraban calma; una gran barba blanca caía sobre su túnica, de una blancura de nieve, chispas brotaban de su frente, formando una extraña corona de fuego sobre él. Sus grandes ojos oscuros escudriñaron a Morgan.

- Yo soy quien descubrió el misterio y sacó del caos cósmico esa esencia primitiva, creadora, que tomaste y que hizo indestructible tu cuerpo, porque constantemente formará en ti los nuevos elementos vitales. Protejo a todos los que utilizan mi descubrimiento.

El anciano dio un paso atrás, se apoyó contra la pared de nieve y se desvaneció como un vapor azulado...

Ralph se quedó solo y se produjo una transformación singular en su estado de ánimo. La inquietud, el nerviosismo, su miedo y el terror del futuro se habían disipado milagrosamente y cedido a la serenidad y la energía resuelta.

Salió de la habitación de los antepasados y se dirigió a la habitación donde se guardaban los tesoros. Narayana debió estar allí una vez más, porque sobre la mesa estaba la pequeña caja abierta que se había llevado el difunto, una gran servilleta de cuero rojo y un libro grueso con esquinas de metal.

Ralph examinó estos objetos con curiosidad y hojeó las páginas de pergamino amarillento, cubiertas de signos extraños y desconocidos. Luego abrió la servilleta; aquí había toda una serie de documentos, así como un paquete de fotografías que mostraban las vistas interior y exterior de dos castillos antiguos, uno en el Rin y el otro en Escocia. Este último interesó especialmente al nuevo propietario.

Como un nido de águila se levanta el gigante con las paredes dentadas, sus aspilleras y sus torres sobre una roca alta dentada. Una tristeza indefinible emanaba de este paisaje desértico, de esta serie de desfiladeros y peñascos, al pie de los cuales espuman las olas confusas: el castillo tan alto, terminando tan bajo, sobre las aguas. Sin duda, a Narayana le habían encantado estos lugares solitarios, lejos de los hombres y de los rumores profanos. A menudo debería haber contemplado en una de estas terrazas el abismo que se extendía ante él, el océano sin límites, desplegando sus inmensos horizontes, meditando en su destino como extraño. El sentimiento agudo y oscuro de esa soledad es una necesidad ineludible del hombre inmortal, se coló en el alma de Ralph y atormentó, como una nube gris, la confianza feliz que llenó toda su alma. Dejó las fotografías a un lado y tomó una billetera que había visto en manos de su predecesor. Allí encontró un paquete de garantías bancarias, direcciones, certificados de todo tipo. El médico en ese momento no sintió deseos de examinar estos papeles; guardó su billetera en uno de sus bolsillos; luego tomó dos pequeños sacos llenos de piedras preciosas del nicho secreto donde se escondían los tesoros y los colocó, con el libro y la servilleta, en una pequeña caja. Tenía prisa por marcharse, pero el temor de no encontrar más el difícil camino que había tomado su guía se apoderó de él. Pronto un extraño fenómeno se produjo, todo el camino se trazó como un inmenso lienzo, como debía descender. Cada subida, la depresión más pequeña del terreno, cada vuelta, todo estaba marcado con tanta precisión que la duda y el miedo desaparecían.

Calmado y lleno de nueva energía, Ralph hizo los últimos preparativos para su viaje. Luego deseó por última vez contemplar la espléndida vista que tan fuertemente lo había conmovido a su llegada.

Los primeros rayos del sol naciente inundaron los glaciares, acantilados y valles distantes de oro y púrpura. La magnífica naturaleza parecía en llamas. El aire era tan puro y vivificante que Ralph lo absorbió con gusto. Durante mucho tiempo se había visto privado de respirar así, con facilidad, a todo pulmón.

Una intensa alegría de vivir despertó en su alma. ¡Oh! ¡Cómo se regocijó de haber bebido esa esencia que regeneró su ser! Este sol naciente parecía el símbolo de su radiante futuro. Volvería a los hombres con cuerpo y espíritu renovados, ricos, fuertes y aun en una hermosa situación social. En ese punto la vista sin fin parecía el pináculo de toda la suerte posible y, alzando los brazos gritó:

- ¡Oh! Narayana! ¿Cómo pudiste abandonar el tesoro más preciado y partir voluntariamente hacia el mundo desconocido? ¿Es posible darse el gusto de aburrirse de la vida? ¡Oh! ¡Nunca…!

- ¡Ah! ¡Ah! ¡Ah!

Una risa inquietante, siniestra se hizo oír y se repitió en ecos que se perdían en el espacio;

Ralph se estremeció y se calló…

¿Qué era? ¿El espíritu del glaciar se rio de él? ¿O algún campesino se perdió en una cueva profunda cantando para distraerse? Eso es lo que pensó, pero su impulso a la felicidad murió abruptamente.

Volvió a entrar al pasillo, vencido por una ligera irritación: quería conseguir sus abrigos, la caja y salir de estos lugares extraños lo más rápido posible.

Vio, con gran asombro, en la puerta de la habitación, un hombre apoyado contra la pared; a su aproximación, el extraño vino hacia él, se detuvo y, cruzando los brazos, con la cabeza inclinada, se mantuvo así, en una actitud de gran deferencia. Ralph reconoció al servidor que acompañó a Narayana en Londres y que desapareció en el camino hacia el glaciar. El extraño doméstico había cambiado su librea simple, pero elegante por una prenda de color marrón grisáceo, pantalones estrechos, zapatos de punta afilada, blusa atada a la cintura con un cinturón de cuero y capucha por encima de la cabeza. Esta extraña criatura, parecía vestido así, un gnomo viviente, sacado directamente de un cuento de hadas...

- ¡Te saludo, mi nuevo señor! - Dijo el gnomo, inclinándose hasta el suelo. Sea también benévolo con respecto a Agni como lo fue Narayana.

- ¡Intentaré satisfacerte, Agni! Pero dime cómo llegaste hasta aquí – respondió Ralph con amabilidad, apoyando su mano en el hombro de Agni. El enano exhaló un profundo suspiro.

- Nunca me pregunte quién soy ni de dónde vengo. Soy el guardián de estos lugares y no los dejo excepto para seguir a un nuevo maestro.

- ¿Cómo...? ¡Así que tú también...! –Exclamó Ralph, retrocediendo involuntariamente.

Agni interrumpió con un gesto de súplica:

- Guardo aquí el maldito misterio y los cuerpos de mis señores, balbuceó lúgubremente.

Luego, frotándose la frente, agregó:

- Yo la serviré fielmente, lo atenderé siempre y cuando venga, siempre encontrará todas las cosas listas. ¿Y ella? ¿La dejará aquí, señor? Llévela; ella siempre va con los señores. Su presencia solo complica la calma de este lugar, ya que atrae a los espíritus de hielo.

- No sé de quién estás hablando. ¿Hay una mujer aquí? - Ralph preguntó sorprendido.

- ¡Ah! Narayana no le habló de ella... En ese caso, Señor, permítame llevarlo a esta dama. Ella ni siquiera sabe que Narayana ya ha fallecido.

Ralph se secó la frente húmeda. ¿Qué le sucedió? ¿Había dormido o se había vuelto loco? Además, ya no podía negarse y debía conocer todas las pesadas cargas que le había traído su herencia. Sin duda, era una mujer que Narayana había tomado de su familia y luego abandonado...

- Llévame hasta ella - le ordenó a su sirviente con voz firme.

Agni abrió una puerta que Ralph aun no había visto en el pasillo y subió una estrecha escalera de caracol. Llegaron al segundo piso de esta extraña vivienda y se encontraron frente a unas pesadas cortinas que Agni levantó. Aturdido, se detuvo en el umbral de una habitación, toda tapizada en seda manchada, bordada en oro y amueblada con gusto oriental. Al frente, en la entrada, había un gran ventanal excavado en la roca y una vista tan maravillosa como la de la explanada que se abría a la inmensidad. Pero en ese momento el joven se mostró indiferente a las bellezas de la naturaleza. Toda su atención estaba fija en una mujer que estaba casi acostada sobre las almohadas violetas de un diván cerca de la ventana. ¿Era una mujer o una niña de catorce años? Ralph no podía decirlo, porque parecía pequeña, tierna, aireada. La tez pálida y mate de su rostro era extrañamente transparente, tanto que la sangre no parecía circular bajo su piel satinada.

Pero sus labios rojos, toda su figura estaba muy sana. A pesar del frío que reinaba en esas alturas; la desconocida vestía una ligera túnica hindú de muselina con bordados dorados; unido a la cintura por un cordón. Las mangas anchas mostraban unos brazos divinamente hermosos y clásicos.

Ralph contempló absorto a esta misteriosa mujer, cuya mirada parecía perdida en el espacio; ella estaba profundamente ensimismada en sus pensamientos, olvidándose del mundo exterior. ¿Era el Hada de los glaciares, hechizado en esos lugares? En el mundo fantástico donde el destino lo había arrojado, todo comenzó a parecerle posible al médico.

El paso ligero de Agni atrajo la atención de la desconocida; se volvió rápidamente y miró en silencio a los recién llegados.

Ralph estaba en silencio, ella también. Él nunca había visto un rostro de una belleza sorprendente, angelical, a pesar de su juventud. Grandes ojos negros, aterciopelados, con largas pestañas, cuya llama muy viva hacía intolerable sostener su mirada mientras lo miraba fijamente.

Agni se acercó y pronunció palabras en un idioma que Ralph no conocía. La joven, o doncella, se estremeció y se levantó rápidamente. Su mirada ardiente, con expresión enigmática miró de pies a cabeza la esbelta y elegante figura de Ralph.

- Acérquese, señor - dijo en inglés, tendiéndole la mano al médico.

Ralph avanzó mecánicamente, tomó los delgados dedos de la niña y se los llevó a los labios. No vio una sonrisa malvada que cruzó el rostro de Agni.

- Ahora estoy seguro que ella no estará aquí – murmuró el gnomo, desapareciendo sin ruido por la parte posterior de una puerta.

Un pesado silencio reinó por un instante. El corazón de Ralph latía violentamente y una sensación que nunca había experimentado lo invadió poco a poco, apoderándose de él.

- ¿Puedo preguntar, señora, quién es y cómo está aquí? - Finalmente preguntó el médico, vacilante.

Una expresión impenetrable recorrió los rasgos conmovedores de la extraña.

- Mi nombre es Nara y leerás que estoy en el testamento del hombre de quien eres el legítimo heredero - respondió con voz clara, sin apartar la mirada ardiente de su interlocutor.

El médico tomó nerviosamente la carpeta que se había guardado en el bolsillo, tomó el testamento y lo revisó rápidamente. De repente palideció y exclamó muy emocionado:

- ¿Eres la viuda de Narayana? Él escribió que debía casarme con ella...

- ¿Y no lo quieres? - Preguntó Nara en un tono de burla.

- ¡Sí, lo hago! - Exclamó Morgan con fuerza -. ¡En mi vida había conocido a una dama tan fascinante como usted!

Si consientes ser mía, la herencia de Narayana será doblemente preciosa y sagrada para mí. Tan pronto como cese tu legítimo dolor, mientras se acabe el tiempo de tu duelo, estaré feliz de unir mi vida a la tuya.

Nara sonrió.

- En ese caso, dejemos este lugar. Si no se opone, vayamos a Venecia. Tenemos un palacio maravilloso allí. Ambos necesitamos descansar de las emociones que sufrimos; tomaremos otras decisiones y elegiremos la fecha de nuestra boda. Sin prisa. ¡Alabado sea Dios! ¡Tenemos tiempo!

Su sonrisa, su respuesta, causó una impresión desagradable en Ralph. Preguntas, presentimientos, dudas, asaltaron la mente del médico en multitud.

Esta misteriosa mujer también era inmortal. Pero no importa que pareciera joven, con su piel blanca y sedosa, su gracia virginal de su mirada traicionaba el secreto de su vida; faltaba cierta frescura, cierto descuido alegre, propio de la juventud. La mirada de Nara ocultó los misterios que Ralph ya había leído en los ojos de Narayana. Ella había sido su esposa. Así, ¿por qué Narayana la abandonó? Seguramente debía amarla, porque él había le dado su preciosa esencia para tenerla, cerca de él.

Y; sin embargo, en la mirada fría y tranquila de Nara, no había ni tristeza ni nostalgia del ser que durante siglos había sido el compañero de un largo viaje terrenal, el marido cuya muerte acababa de experimentar.

A pesar de la maravillosa sensación que sintió la joven en él, un escalofrío helado recorrió las venas de Morgan y un profundo suspiro salió de su pecho.

Nara lo miró con su mirada ardiente. Sus ojos aterciopelados se nublaron y luego chispearon. Ella pareció leer sus pensamientos y responderle. De pronto se lanzó el joven hombre y su pequeña mano tocó la frente de Ralph.

-De nada sirve reflexionar y torturarse por vanas preguntas, pobre amigo mío - dijo en un tono donde la amargura se mezclaba con la ironía -, el tiempo, nuestro gran maestro y señor, te enseñará a juzgar todo de manera diferente. Estás ahora bajo el reino de los sentimientos, los recuerdos y las convicciones propias de la vida ordinaria, breve e ilusoria, como la existencia de un simple mortal. Quizás algún día te cuente lo de Narayana, pero hoy no... Ha llegado el momento de nuestra partida. Ve y espérame en la sala del tesoro. Me cambio de ropa y me uno a ustedes de inmediato.

Ralph hizo una reverencia en silencio y entró en la habitación que ya conocía bien. Se sentó cerca de la mesa donde él había dejado su bata y su caja. Con el rostro cubierto por las manos, se sumergió en la meditación, luchando por poner en orden los prodigiosos acontecimientos de los últimos días, en los que se sintió atrapado como una telaraña.

Un pequeño ruido lo sacó de sus cavilaciones. Se volvió y vio a Nara entrando, abotonándose los guantes. Estaba vestida con un sencillo atuendo de tela negra, chaqueta y sombrero de fieltro. Tenía una pequeña maleta de cuero y un bastón de escalador.

Nara podría confundirse con una turista aristocrática que viaja por las montañas. Su vestimenta hacía resaltar aun más ventajosamente la belleza de su rostro, una blancura deslumbrante y de sus cabellos grises con reflejos dorados.

- Ralph Morgan, ¿no te has olvidado del camino? De hecho, lo conozco muy bien y hasta puedo señalarte uno mucho más corto - dijo la joven, y una sonrisa se deslizó por sus facciones cuando sus ojos se encontraron de nuevo con los entusiastas del doctor.

- Recuerdo el camino. Pero ¿cómo sabes mi nombre? Creo que nunca lo pronuncié delante de ti - añadió Ralph asombrado.

Nara se rio con picardía.

- Entonces, ¿se supone que no debo saber el nombre de con quién me voy a casar? Por lo demás, desde este día, eres el príncipe Narayana Supramati. No guardes tu nombre, Morgan, ser incógnito es necesario. ¡Y ahora vamos!

Ralph la siguió sin decir nada. Empezaba a experimentar una supersticiosa inquietud en el rostro de esta hermosa criatura, que parecía comprender sus pensamientos, leer sus deseos.

El descenso fue mucho más rápido que el ascenso y por la tarde Ralph y su acompañante llegaron al hotel, donde había pasado una noche con Narayana. El médico se enteró que Nara ya ocupaba una habitación allí donde estaba su equipaje.

A la mañana siguiente, Nara apareció vestida de luto y tomó un tren con Ralph a Venecia.

Este viaje le llegó a Ralph como un sueño. No vio ni oyó más que a su compañera hechicera; toda su sensibilidad había llegado al paroxismo de la sobreexcitación, y, sentado en el compartimiento frente a la joven, estaba embriagado con su belleza, olvidándose de todo lo demás.

Ralph regresó de su encantamiento justo cuando Nara, tocándole la mano, le dijo con una sonrisa:

- ¡Mira! Estamos en Venecia.

Siempre le había interesado esta ciudad y quería conocerla, pero ciertamente nunca pensó, ni siquiera en un sueño, en visitarla en calidad de príncipe hindú inmortal. Su pasión por Venecia se despertó y la miró con curiosidad desde la ventanilla del carruaje.

El tren ya había cruzado el puente gigante que une Venecia con el continente y se detuvo en la estación.

Una vez que se abrieron las puertas del carruaje, Nara descendió lentamente hasta el muelle. Al darse cuenta que dos lacayos de librea buscaban a sus jefes entre la multitud, se volvió hacia Morgan y dijo:

- ¡He aquí nuestros servidores!

En el mismo momento uno de los lacayos se acercó rápidamente y le dijo con profunda reverencia:

- La góndola espera a Sus Altezas.

- ¡Bien, Bautista! Trae nuestro equipaje; ¡ven hermano!

Ella tomó a Morgan del brazo y se dirigió al muelle. Se sentaron en una gran góndola operada por dos remeros. Cruzaron el gran canal en silencio; luego, después de haber seguido una laguna lateral, se detuvieron frente a las puertas de un antiguo y grandioso palacio.

Llegó la noche. A la sombra del crepúsculo, las viejas casas que bordeaban el canal adquirieron un aspecto oscuro y fantástico.

Ralph saltó primero a las escaleras y ayudó a la joven a salir de la góndola. Entraron en un gran salón iluminado *"a giorno"* por lámparas eléctricas.

Muchos domésticos se apresuraron a recibirlos para ayudarlos a quitarse las capas. Desde que Nara y Ralph entraron al palacio, un viejo librea, todo de negro, apareció en lo alto de la escalera de mármol, adornada con flores y estatuas; bajó rápido y saludó respetuosamente a Nara, quien le tendió la mano para que la besara y le dijo con la voz quebrada por los sollozos:

- Hoy te traigo una dolorosa noticia, mi buen Giuseppe; ¡Mi amado esposo ha muerto!

"¡Nara es definitivamente una comediante completa!" – Pensó Morgan, viéndola llevarse el pañuelo a los ojos, limpiándose las lágrimas imaginarias.

El anciano palideció y gruesas lágrimas corrieron por su rostro surcado:

- ¿Nuestro buen señor ha muerto? – Balbuceó -. ¡Qué desgracia tan imprevista! Se veía tan bien de salud.

- ¡Bueno, así es! La vida humana es tan frágil… Te contaré más adelante los detalles de su muerte. Hoy estoy tan cansada y sentí que tengo prisa por estar sola… Pero ¡quiero presentarles a mi cuñado, el nuevo señor, el príncipe Narayana Supramati, hermano menor de mi difunto esposo y su único heredero legal…! Aquí está su fiel mayordomo, Giuseppe Rosatti. Lo encomiendo tu generosidad, Supramati… Me retiraré a mis apartamentos; Les agradezco todo el apoyo que me brindan en este momento de gran dolor.

Ralph besó la mano de Nara y le dio las buenas noches. Habiendo subido algunos escalones de las escaleras de mármol, ¡Nara se dio la vuelta de nuevo!

- Giuseppe, acompaña al príncipe a los aposentos de su difunto hermano. Espero que todo allí esté en orden, ¿verdad?

- ¡Oh, Alteza! El orden reina sobre todo. No podíamos suponer que nuestro jefe nunca volvería…

- Muy bien. Asegúrate que el príncipe esté contento con el servicio y que mañana toda la casa esté de luto.

Ella hizo un gesto elegante, subió corriendo la escalera y salió de la puerta por un lado.

- ¡Sígame, alteza! —Dijo el anciano interrumpiendo los pensamientos de Morgan, que aun no se había acercado a esta nueva situación. Gracioso, Beppo; vean inmediatamente si todo está en orden para recibir a Su Alteza.

Los valets se evaporaron como sombras. Ralph siguió en silencio al mayordomo por las escaleras y atravesó una larga galería iluminada por altas ventanas góticas en un solo lado.

- Aquí están los apartamentos de Su Alteza - dijo Giuseppe, señalando una puerta en la parte trasera de la galería.

Caminaron a través de una hilera de piezas amuebladas con lujo real y tan ricamente adornadas con obras de arte muy preciosas de tal manera que cada habitación constituía un pequeño museo.

- La oficina del difunto príncipe... esta puerta de la derecha abre a la biblioteca; esta de la izquierda conduce al dormitorio.

El mayordomo pronunció estas palabras mientras el amable ayuda de cámara tomaba la capa y el sombrero de Ralph con respeto. Este último miró a su alrededor con curiosidad; estaba en una gran cámara construida de roble oscuro y amueblada con severa sencillez; los adornos de los muebles y las cortinas de las puertas eran de cuero marrón. Sobre una gran mesa de roble cincelado, vio un tintero de oro y lapislázuli y una lámpara con pantalla azul que iluminaba tenuemente la pieza. Detrás de la puerta abierta de la biblioteca había estantes tallados que se alineaban desde las paredes hasta el techo, pero eso no atrajo la atención de Ralph. El joven fue directamente al dormitorio. Era una pieza más pequeña, tapizada en seda rojo oscuro, con muebles bajos y claros y una cama con dosel muy grande.

- ¿Su Alteza querría prepararle un baño para relajarse después de su viaje y luego cenar? - Preguntó Giuseppe.

- Sería bueno, si no tomara demasiado tiempo.

- ¡Está todo listo! Y daré las órdenes para que se sirva la comida tan pronto como Su Alteza salga del baño.

Los ayuda de cámara llevaron a Ralph a un armario equipado con todos los atributos necesarios para el baño de un gran señor como lo había sido Narayana; luego, en el baño que, con sus paredes de mármol, el piso de baldosas formando dibujos, la gran bañera de pórfido y sus maravillosas estatuas decorando nichos, cegó positivamente al modesto médico que creía vivir un magnífico sueño encantado.

Después del baño, los ayuda de cámara lo vistieron, Ralph con un lino extremadamente fino, y Beppo le entregó una hermosa bata de felpa por dentro y por fuera, de selina blanca.

- El difunto príncipe nunca usó esta túnica; encargada justo antes de su partida, observaron los valets que explicaban esto, notando la repugnancia de Ralph por ponerse un atuendo que ya usaba su difunto hermano.

- ¡Pues bien! - Dijo Ralph.

Y la prenda cayó sobre su cuerpo como si estuviera hecha a medida. En luego fue a la pieza vecina, donde una comida abundante estaba a su espera.

Morgan tenía hambre; luego hizo honor a esa cena admirablemente compuesta, que mostró el delicado gusto de Narayana.

- Tráeme las revistas publicadas en los últimos días… luego Beppo y Gracioso pueden retirarse. Ya no los necesitaré hoy - dijo Morgan; empujando su silla de la mesa.

Los dos valets despejaron la mesa como si fueran sombras; trajeron las revistas y se fueron.

Así que cerraron la puerta y que la pesada cortina de cayó, Ralph estaba solo. Un suspiro de alivio salió de su pecho, pues la presencia de los sirvientes le resultaba dolorosa.

- ¡Alabado sea Dios! ¡Por fin estoy en casa! - Murmuró. Estos valets ya no me impedirán visitar mi nuevo dominio.

Espero conseguir acostumbrarme muy deprisa a dar órdenes y que me convierta en el verdadero *nabab* que tengo que representar.

Ralph revisó todas las piezas, examinando cada objeto que contenía; todo le parecía maravilloso. Luego regresó a su oficina. Había colocado en el sillón, junto al escritorio, la pequeña caja azul de la que no se había separado durante todo el viaje. Acercó una silla, se sentó, abrió la caja y miró más de cerca ahora todo el contenido. Antes de terminar este examen, quiso ordenar todos los documentos del escritorio, pero se dio cuenta que estaba cerrado. Vio un gran armario tallado, quiso abrirlo, pero no pudo. Decepcionado, volvió a su escritorio, cuando de repente recordó una pequeña llave dorada en una de las divisiones de la carpeta roja. Fue a buscarla. No entró por la cerradura del escritorio, pero para su gran alegría abrió el mueble de un estilo muy antiguo, cuya madera había sido finamente tallada y que contenía innumerables cajones y compartimentos de todos los tamaños. En el mismo estante del centro, Ralph sacó dos alcancías y un juego de llaves. Una de las cajas estaba llena de oro y billetes de banco, otro de objetos preciosos, alfileres de corbata, gemelos; baratijas y joyas de todo tipo.

Morgan luego examinó los otros compartimentos y cajas. Allí encontró relojes de todas las edades y estilos; allí toda una colección de estancos en los que se engastaron maravillosos diamantes. En un compartimento construido en forma de pequeño mueble separado se veían todo tipo de frascos y ampollas y, en el fondo de la abertura, estaba grabada una sola palabra: "medicina." Por último, la mitad del armario se llena con adornos femeninos: joyas, cintas, flores secas y una serie de miniaturas, de retratos de mujeres maravillosas.

Allí estaba la presencia de todo lo que siguió a la vida de Narayana, larga y llena de aventuras; Ralph lo notó.

Cerró el armario y luego se acercó al escritorio; lo abrió gracias a las llaves que acababa de encontrar. En el cajón del medio, el médico encontró un cuaderno de tapas gruesas, así colocado allí con la intención de evidencia. En una hoja de papel blanca, bien visible, estaban escritas en caracteres firmes y grandes: "Para que lea mi heredero."

Morgan se estremeció... ¡ese hombre había pensado en él, sin conocerlo! Ralph, profundamente conmovido, hojeó el cuaderno; había muchos capítulos cuyos títulos, escritos con tinta roja, eran: "El Círculo Mágico", "La

Fórmula de la Evocación", "El Círculo de los Espíritus", "Los Habitantes del Reino del Silencio", entre otros.

Morgan se detuvo. Le pareció que un viento frío le revolvía el pelo y que un aliento helado le rozaba las mejillas; cerró la libreta con estrépito y la arrojó a un cajón...

Él lo leería más tarde, a la luz del día, y examinaría atentamente las cartas y los documentos ocultos en el escritorio y en los diferentes muebles, lógicamente. Imposible para orientarse en esta herencia inmensa de la cual disfrutaba tan brusca como inesperadamente. Se inclinó hacia atrás en su silla y se abandonó a las meditaciones. Todavía no podía acostumbrarse a su nueva existencia. Su vida modesta, de intenso trabajo, su enfermedad, ya eran cosas del pasado; sin ningún esfuerzo, sin mérito de su parte, con la simple llegada de un extranjero – mago legendario - de médico humilde de un asilo de locos que se hizo un príncipe millonario, una persona llena de salud y fuerza, y lo más increíble de todo, un ser casi inmortal. el final de toda la vida - la muerte - esta fiel y terrible compañera, esta libertadora, también estaba descartada de su camino, si no para siempre - ¿no había muerto Narayana? - al menos por un tiempo indeterminado. Entonces la muerte ya no lo acechaba, la vejez no lo haría débil, debilitado por la edad, las enfermedades no interferirían con las alegrías de su vida...

Se levantó rápidamente y fue a mirarse al espejo y comenzó a estudiarse como si fuera otra persona. La imagen reflejada le agradó mucho; ¡era difícil creer que Morgan estuviera tan bien hecho! Sonrió ante su imagen con la ingenua satisfacción de un niño y se acarició el cabello espeso y ondulado. Luego volvió a sentarse en el sillón.

Ahora sus pensamientos se volvieron hacia esa mujer misteriosa: ¡su herencia! - como todas las demás cosas. Su mirada fijó el notable retrato de Nara que se creía puesto en el escritorio; que había sido pintado vestido con ropas de ceremonia; su muy peculiar belleza, la mirada un tanto demoníaca de sus ojos negros había sido pintada con una precisión extraordinariamente realista.

Y a esta extraña y fascinante criatura le pertenecía... desde que acabara el año de su luto, Nara se convertiría en la legítima esposa frente a los hombres. El corazón de Ralph latió más violentamente a este pensamiento y una llama líquida pareció correr por sus venas, quemándolo.

El reloj dio las cuatro en punto. El ruido del péndulo sacó a Ralph de sus pensamientos. Cansado de espíritu; no del cuerpo, fue al dormitorio y pronto cayó en un sueño profundo.

Era tarde cuando se despertó. Con un sentimiento; con placer se tendió en la suave cama, examinando todos los muebles que lo rodeaban, ricos y cómodos. De repente recordó los últimos meses de su vida en Londres, sus noches de insomnio, su tos quejándose, el dolor agudo en el corazón, la preocupación con el que saltó de la cama, afligido por haber perdido horas de servicio en la clínica; pensó en el cansancio que lo perseguía de camino a casa, cuando llegaba a pie o en tranvía[1]. Estaba seguro que el

____

[1] Tranvía, en el original, *tramway.*

pasado se había ido para siempre, y un suspiro de alivio salió de su pecho.

Enderezándose sobre las almohadas, apretó el botón para llamar a los valets; dos sirvientes respondieron rápidamente y lo ayudaron a vestirse.

Mientras se vestía, Morgan se preguntó si Narayana se habría quedado con sus túnicas romanas, las de los siglos de caballería, de todos los tiempos en que había vivido. En ese caso, esta colección debería ser muy interesante.

Giuseppe llegó justo cuando se estaba vistiendo. Le preguntó cómo había pasado Su Alteza la noche. El mayordomo le hizo ver que la dama lo estaba invitando a cenar en sus aposentos, ya que quería presentar a Su Alteza a sus amigos; vendrían a averiguar cómo había muerto su esposo y a expresar sus condolencias.

Ralph fue directamente a los aposentos de su misteriosa nueva cuñada y la encontró rodeada de dos damas y tres caballeros, todos muy tristes. Nara también tenía una expresión cansada y dolorida. Le tendió la mano a Morgan y luego lo presentó a las personas presentes, que pertenecían a la nobleza veneciana.

- Les presentaré, queridos amigos, a mi cuñado, el hermano menor de mi pobre esposo, también lleva el nombre de Narayana Supramati; pero para distinguirlo de su hermano fallecido lo llamamos solo por su apellido.

La bienvenida reservada para el heredero del príncipe Narayana fue sumamente amable. Todos le aseguraron amistad, la más alta estima y le expresaron el ardiente deseo de expresarle sus buenos sentimientos. Estas educadas declaraciones respiraban complacencia, una obsequiosidad tan egoísta que Morgan se sintió disgustado, respondiendo con fría moderación a cada avance de sus nuevos amigos.

Luego todos entraron al comedor; suntuosamente amueblado en un estilo veneciano, y todos honraron la magnífica cena.

Morgan no necesitaba estar ocupado complaciendo a sus invitados; ya habían gastado bastante en el médico. Nara era vecino de Ralph, y este admiraba interiormente el arte con el que Nara improvisaba su biografía, y describía sus casos de infancia con su supuesto hermano.

La joven contó que Supramati, nacido de un segundo matrimonio, era mucho más joven que Narayana; un cariño muy tierno había unido siempre a los dos hermanos, aunque se habían mantenido alejados durante los años en que el joven príncipe viajaba por placer por todos los países del mundo.

El asombro de Ralph alcanzó su punto máximo cuando Nara pidió a todos los invitados que se convencieran del extraordinario parecido de Supramati con su hermano. Cuando todos asintieron y repararon además en sus ojos y en su sonrisa, una confirmación narcótica de este aire de familia, Morgan se rio alegremente. Pero en el fondo esto seguía siendo un disgusto con el que estaba herido. Era lógico que su personalidad se desvaneciera en la aureola del representante de la enorme riqueza, y la bajeza humana, sorda y ciega, se arrastró ante estas montañas de oro...

Ralph lanzó una mirada involuntaria a Nara, luchando por penetrar en sus pensamientos más profundos. Ella se alegró cuando le aseguraron que, a pesar de sus gritos y suspiros, los ojos brillantes de la chica lo miraron con una expresión que decía cuánto la complacía Morgan.

Cuando todos regresaron del salón y los invitados se despidieron de los dueños de la casa, Nara le dijo que se iría a la mañana siguiente por muchas semanas para poner sus negocios en orden.

Los dos jóvenes estaban finalmente solos. Morgan siguió a su cuñada hasta el gran balcón abierto que daba al canal. Se estiró perezosamente en un diván muy bajo y miró a Ralph, que estaba apoyado en silencio sobre sus codos en la balaustrada.

- ¡Mi querido Supramati! Te estás metiendo mal en tu papel y hay un poco de aire salvaje en este nuevo entorno para ti... Por otro lado, espero que te hayamos explicado tu silencio por el dolor experimentado después de la pérdida de un familiar tan cercano - añadió Nara, con una ironía apenas perceptible.

- Es verdad. Vivo como un sueño - respondió Morgan, frotándose la frente -. Además - siguió sonriendo -, si la muerte de mi hermano me calla, noto que el dolor de su viuda ya no es profundo. ¡Demos un respiro a los chistes! No lloraste Narayana y no parecías extrañarlo ni un poco. ¿Llevas mucho tiempo casada?

Nara tenía una risa tranquila y penetrante que resonó desagradablemente en los oídos de Ralph.

- El tiempo suficiente para que nos sintamos agobiados el uno por el otro. En la vida ordinaria, un esposo frívolo puede repudiar a su esposa, pero la muerte puede resolver el problema para ambos. ¡Imagínate la posición de una mujer unida a un marido eternamente joven, lleno de fuerza, vanidoso, infinitamente exigente, egoísta y engañoso! Tal alianza puede extinguir incluso un volcán de pasión y agotar la paciencia de un camello. Y si un esposo comparte a su esposa mil veces en veinticinco o treinta años de su existencia común, quiero que usted mismo cuente el número de matrimonios, infelicidad que puede cometer un "inmortal..."

Al manifestarse así, una expresión de tristeza, desprecio y fatiga indescriptible ensombreció su rostro. El corazón de Morgan se estremeció de piedad profunda y sincera para la compañera de su extraño destino, esta misteriosa herencia de su benefactor. Inclinándose hacia Nara, Ralph tomó su mano y susurró apasionadamente:

- ¡Olvida el pasado, Nara! En esta larga vida que nos espera, te adoraré, serás la única que amaré y haré todo lo posible para hacerte feliz.

El expresivo rostro de la joven delataba su profunda angustia.

- ¡No lo jures! – Dijo ella sacudiendo la cabeza -. No cumplirías una sola promesa. No olvides que la fuente de tu fuerza vital es diferente en ti a la de todos los mortales. Y luego te conviertes en un esclavo de las debilidades humanas que hasta ahora has sido; sí, para todos los placeres estás armado con una salud inquebrantable.

Ningún exceso, ninguna pasión puede debilitarte y, además, una riqueza inagotable te permite satisfacer cualquier capricho. Aun no ha experimentado el peligro de tales condiciones de vida.

- Entiendo que dudes de mí, ya que me conoces poco. ¿Es entonces esta desconfianza hacia mí lo que te obliga a dejar Venecia?

- No. Las comodidades mundanas exigen que nos separemos. Quiero vivir los meses dedicados a mi duelo en soledad y aprovechar la oportunidad para poner en orden mis asuntos. Tú tendrás tiempo para acostumbrarse a tu nueva existencia. La herencia de Narayana todavía te depara sorpresas de muchas maneras; también tendrás que trabajar en la ciencia que enseña el uso de las fuerzas secretas que tienes a tu disposición. ¡No estés triste, mi querido prometido! - Añadió feliz -. Recibirás noticias mías. Cuando el año de mi duelo haya terminado, y vuelva aquí, festejaremos el breve momento del olvido y la embriaguez, engañándonos acerca de la continuación de nuestra felicidad y considerando tan eterna como nuestra vida. Pero no importa. En el desierto de la existencia, es necesario valorar la más mínima alegría, aunque solo dure un minuto.

Y sin darle tiempo a Morgan para responder, Nara se despidió y salió del balcón.

III

La mañana y la tarde del día siguiente pasaron sin traer acontecimientos extraordinarios. Las horas transcurrieron en el asesoramiento con el sastre, con más detalle en las riquezas de palacio y conversaciones aburridas con Giuseppe Rosatti, el cual mostró la Ralph los registros, las cuentas y trató con él diversos problemas relativos a la gestión de la propiedad.

Al día siguiente, Ralph acompañó a Nara a la estación, pero ella no le dijo a dónde iba. Triste y casi desesperado, regresó al palacio que parecía vacío sin ella.

Después de la cena Morgan subió a su habitación, puso en orden lo que se necesita, y examinaron diferentes objetos contenidos en cajones de su escritorio. Encontró un cuaderno de tapa dura cuyas páginas fueron escritas por Narayana. Morgan hojeó algunas páginas del diario del difunto: juegos de su imaginación, hechos reales, varias notas, impresiones vívidas. Las últimas páginas del cuaderno estaban en blanco. Ralph buscó lo que el difunto habría escrito al final:

"¿Existe enfermedad más terrible que la saciedad? Saciedad es la angustia sombría que nos empuja desde un lugar a otro, hace que todas las cosas sean intolerables y la paciencia se

agote. Pero ya el presente es terrible, pero que puedo aislar en el pasado y llevarme mentalmente al futuro, aun cuando en el presente me topo en todas partes con hombres, estos gusanos de la tierra, sus picaduras venenosas atormentan el alma, ya que no pueden destruir el cuerpo.

Multitud repugnante, baja, venal, ingrata, aduladora; ella se inclinaba ante la riqueza y aplasta a los pobres, que no pueden pagarle, porque su amistad es engañosa y traicionera.

¡Oh! ¡Qué cansado y disgustado estoy! ¡Cuánto me gustará deshacerme de estas cadenas que me deprimen en el cuerpo! ¡Muerte liberadora! ¡Amiga incomprendida! Tengo sed de descanso en tu abrazo; quiero ser libre... "

Morgan conmovido leyó estas líneas escritas en épocas distintas, bajo la impresión del momento.

En el fondo de sus pensamientos, no se dio cuenta que detrás de él se abría la puerta y entraba un hombre muy alto, con una capa negra y una máscara en el rostro. Cuando el extraño puso una mano sobre el hombro de Morgan, éste se levantó de un salto y miró a su extraño visitante con asombro.

- No tengas miedo, heredero de Narayana Supramati - pronunció el forastero con voz profunda -. Debes seguirme; tu ausencia solo durará unos días, pero es necesaria.

- ¡Estoy listo para ir contigo! Sé que estoy en un círculo mágico que me rodea y que las obligaciones se me imponen a las cuales no puedo escapar - Ralph respondió con calma -. Además, no le tengo miedo a la muerte y te seguiré sin temor, agregó con una leve sonrisa.

- ¡Bien! Da las órdenes necesarias y encuéntrame en una góndola cerca de las grandes escaleras. No, no se te olvide de poner en tu dedo el anillo que encontraste en la carpeta.

Tan pronto como el extraño se fue, Ralph llamó los valets; tan pronto como fue atendido, ordenó que se metieran en una maleta algunos objetos de primera necesidad; luego llamó a Giuseppe y le dijo que se iba por dos semanas. Finalmente se puso el viejo anillo en el dedo, se metió una billetera llena de dinero en el bolsillo y se fue.

La noche estaba muy oscura. A pesar de la luz que iluminaba la escalera, la góndola, balanceándose sobre las olas, estaba sumergida en la oscuridad.

El remero estaba en la parte de atrás; el extranjero estaba sentado en la cabina con las cortinas medio corridas. Morgan dejó su maletín en un banco y ocupó su lugar junto al extraño. La góndola se deslizó de inmediato, navegando velozmente a través de las oscuras aguas del canal.

El hombre enmascarado permaneció en silencio. Morgan supuso que él también debería guardar silencio. Se reclinó contra las almohadas y se entregó a la meditación. Poco a poco lo invadió una fuerte somnolencia y cerró los ojos.

No podía decir cuánto tiempo había pasado en esa inconsciencia. La voz del enmascarado lo despertó. Ralph se enderezó con un gesto brusco y se sorprendió desagradablemente; a pesar de la profunda oscuridad de la noche, vio que estaban en el mar, y que la góndola había acodado un barco con altos mástiles y velas desplegadas, divisó confusamente en las sombras.

- ¡Trepa! - Dijo el extraño.

Morgan subió al puente; un sentimiento doloroso se extendía cada vez más por su ser.

El velero, donde él se encontró fue un modelo muy antiguo. No se veía a los marineros ni a los pasajeros, y solo una antorcha humeante iluminaba las entradas a los camarotes con un resplandor rojizo.

Obedeciendo el gesto silencioso de su guía, Ralph lo siguió por una escalera que conducía a una pequeña cámara, lujosa, pero extrañamente amueblada. Allí se reunieron los objetos más diversos. En el medio, una mesa cargada de vino y caza fría. Velas en un pequeño candelabro dorado proyectan su luz sobre un lujoso aparador de vajilla que el azar parecía haber traído allí, al igual que todos los demás objetos.

El extraño arrojó su capa y su sombrero sobre una silla y luego se quitó la máscara. Morgan vio al hombre corpulento y recto, de unos treinta años. Su rostro delgado y regular era muy pálido, y esta palidez hacía que su cabello ondulado tan negro como el ala de un cuervo y su barba del mismo color resaltáran a su favor. La mirada en sus grandes ojos negros también era aterradora; pliegues duros, llenos de severidad, fruncieron las comisuras de sus labios.

A pesar de la indiscutible belleza de este hombre, de él emanaba una profunda desesperación, una angustia, y Ralph sintió un escalofrío involuntario de terror supersticioso recorrer su cuerpo.

El médico se estremeció repentinamente. Había acabado de ver, en la fina y delgada mano del extranjero, un anillo semejante al suyo, solo que el del desconocido había un zafiro en el zócalo, mientras que el suyo tenía un rubí.

La ropa del extranjero era de otra época... Traía un abrigo de terciopelo negro, un cuello ancho de encaje y botines. Una daga con un mango incrustado sobresalía de un cinturón ancho.

- Te saludo, hermano. Siéntate - dijo el extraño, extendiendo su mano a Morgan.

Ralph le estrechó la mano. Pero este no era el momento de plantear las preguntas que surgían de sus labios; se levantó una pesada cortina de lana y apareció una figura nueva, aun más extraña, en la entrada de una pequeña cabina contigua.

Era un anciano de al menos ochenta años, contando el número de arrugas que cubrían su rostro; su barba blanca le colgaba hasta la cintura; la nariz aguileña y la frescura de sus ojos inquisidores le daban a esta figura la expresión de un pájaro de presa. Llevaba un traje de peregrino de lana negra; los pies estaban en sandalias; una pequeña gorra de seda cubría parte de la cabeza; su corte era curvo; en una mano tenía un bastón nudoso y ennegrecido por la intemperie, todo arrugado, en el que había un anillo de oro brillante, similar al que llevaban Ralph y su compañero, pero decorado con una esmeralda.

- Te saludo, nuestro pequeño hermano; ¡bienvenido, Narayana Supramati! - Dijo apretando la mano de Morgan.

- Yo también te saludo - respondió el doctor inclinándose hacia adelante.

Al ver los anillos similares, Ralph se dio cuenta que estaba entre los miembros de una cofradía secreta de la que él mismo formaba parte, sin asumirlo. En los ojos de sus nuevos amigos notó la extraña llama que una vez había brillado en los ojos de Narayana.

Después de un entretenimiento ligero en un idioma incomprensible para Ralph, todos se sentaron alrededor de la mesa. El extraño más joven, que parecía ser el señor de la casa, sirvió el vino en los vasos e invitó a sus invitados a comer y beber. Siguió la invitación. Entonces Morgan levantó su copa y dijo:

- Brindo por la salud de todos mis hermanos y hermanas, y les ruego que acepten con simpatía la pregunta que les quiero proponer.

- Habla, respondieron sus dos compañeros simultáneamente.

- Me conocen porque me llaman por mi nombre real - continuó Ralph -. Pero, absolutamente, no sé con quién tengo el honor de hablar. Por ahora siento que ustedes son mis nuevos parientes, personas que viven en las mismas condiciones que las mías y que misteriosos vínculos los unen a mí.

- Tienes razón, hermano mío; somos de la misma familia. Cualquiera que sea la distancia que nos separe, nos unen cadenas secretas - respondió el anciano -. Tienes derecho a saber nuestros nombres, pero no te alarmes si suenan raros. Soy Isaac Laquedem.

- ¡Isaac Laquedem! ¡Creo que la leyenda le da este nombre al judío errante! - Balbuceó asombrado.

- Las leyendas siempre esconden una parte de la verdad que la imaginación de los hombres deforma y que el tiempo desnaturaliza aun más - observó el anciano -. El Judío Errante soy yo... En cuanto a él - e Isaac indicó a su sombrío compañero, que soñador, estaba apoyado sobre los codos en la mesa -, también es el héroe de una leyenda, el capitán del velero fantasma que anuncia su pérdida a los barcos que encuentra. Es el holandés errante, como lo llaman los marineros.

Morgan se levantó de mala gana y los miró a ambos con terror. Siempre asumió que estos seres legendarios pertenecían solo a la fantasía popular. Y he aquí, se vio a sí mismo sentado cerca de dos en la misma mesa, a menos que fueran, por así decirlo, nada más que "seudónimos", ocultando sus verdaderas personalidades; ¿no se estaba escondiendo bajo el nombre de Narayana Supramati? Si, por tanto, el anciano decía la verdad, ¡seguramente los espectros que aterrorizaban al mundo solo tenían que parecerse a ellos...! Bastaba mirarlos para comprender instantáneamente que eran hombres singulares.

- No somos espectros; somos producto de la fatalidad, hombres como tú; tampoco creo que tengas nada que temer - observó el que se hacía llamar el "holandés errante."

Morgan se avergonzó de su miedo y dijo, secándose el sudor que le corría por la cara.

- Perdónenme, hermanos míos, este ridículo miedo; se debe al extraño y doloroso estado de mi alma. Pónganse en mi lugar e imaginen los sentimientos de un hombre de nuestro siglo incrédulo, de un médico, escéptico acérrimo, que cae inesperadamente en tal ambiente. Involuntariamente le pide a la que está ocurriendo: ¿está borracho, enloqueciendo loco o es la víctima de un mal sueño o una alucinación...?

Morgan sostuvo su cabeza con ambas manos.

- También le gustaría que le preguntaran: ¿son realmente las personas cuyos nombres utilizan? Tú, Laquedem, ¿fuiste el hombre al que Cristo maldijo en el pasado... si tal hombre existió alguna vez?

- Sí, soy Isaac Laquedem. Lo vi, conocí a Cristo, pero él no me maldijo, es otra la razón que me obliga a errar eternamente.

- Pero entonces, ¿dónde vives? - Preguntó Morgan, pálido de emoción.

- Yo no vivo en ninguna parte; el mundo entero me pertenece. Apoyado en este bastón, con sandalias, doy, en cada siglo, siete vueltas al planeta, y siempre vuelvo a mi punto de partida. El cielo es mi techo, la tierra mi cama, las plantas mi alimento. Solo descanso con los "iniciados", cada diez años, tres días y tres noches. No necesito nada, huyo del tiempo, que me persigue.

El anciano guardó silencio y, sombrío, apoyó los codos en la mesa. Su frente se trazó más profundamente y un rictus amargo torció sus labios.

Tras un momento de doloroso silencio, el anciano se levantó, vació la copa de vino y saludando con un gesto los dos jóvenes desapareció de nuevo en la pequeña cabina de la que había venido.

Morgan se sintió abrumado; con una mirada perpleja miró fijamente a su otro compañero. A pesar de su palidez aterradora y sus ojos terribles, el holandés errante era más amigable que el cruel judío errante. Ralph quería preguntar si la leyenda era cierta, que convertía a su barco en el heraldo de la muerte.

Como si le hubiera leído la mente, el holandés levantó la cabeza y dijo en voz alta:

- Te lo cuento luego porque el mar es el campo de mi acción, las olas se convirtieron en mi país y cómo este barco se convirtió en mi casa, donde vivo en medio de mis libros y de mis recuerdos. También te explicaré por qué me aparezco a los condenados a muerte.

- ¿Y siempre navegas solo en este barco? interrogó a Morgan.

- Suelo bajar a la tierra para disfrutar momentos de amor efímero, que aporta variación a mi vida lúgubre y monótona; pero no soporto estar en tierra firme más de tres días y tres noches. Y ahora cuéntame cómo te convertiste en uno de nosotros, lo feliz que estás de haber recibido el precioso regalo que te sacó de las condiciones de vida ordinarias.

- Hasta ahora solo he experimentado la restauración de mi salud.

Y en pocas palabras Ralph habló de su existencia pasada y luego agregó:

- No sé la verdadera causa que llevó a Narayana a tomar su decisión sobre mí y no otra persona.

- Quizás los lazos del pasado los hayan unido a ustedes dos; estos lazos crean amor a lo largo de vidas sucesivas y pueden volverse muy fuertes y son difíciles de romper - señaló el holandés -. Pero... ¿no quieres descansar?

Morgan negó con la cabeza.

- La diversidad de impresiones que he vivido hoy persiguió mi sueño. Si no estás cansado y mi presencia no te importuna, al igual que la estancia conmigo... Hablemos. Te juro que me gustaría mucho conocer tu verdadera historia. Además, me pregunto por qué me hiciste venir aquí, por qué me presentaste a Isaac Laquedem... y... ¿a dónde vamos?

- Nos dirigimos al centro mismo de nuestra Cofradía para celebrar una de nuestras ceremonias seculares más solemnes. Allí, en el Santuario Secreto, se encuentra la Copa del Grial.

- ¿Cómo...? ¿Existe el Grial?

- ¿No existimos? ¿Por qué entonces no existiría esta copa, cuya sola mirada, según la tradición, confiere inmortalidad? - Respondió el holandés con gravedad. Y ahora... como esto te interesa tanto... te contaré mi historia y te levantaré los velos con los que cubrí la leyenda...

Nací a finales del siglo XV, era hijo de un famoso pirata que había logrado una gran riqueza y gracias a sus actos de pillaje. Mi padre era de origen holandés... Hombre severo, codicioso, sanguinario, pero gran marinero. Me crie en el barco de mi padre, acostumbrado desde la infancia al "servicio" de corsario. Tenía veinte años cuando mi padre murió durante el abordaje a una gran galera española y entonces heredé el comando de la nave.

Pronto conquisté una gloria que superó a la de mi padre. Todo lo que hice fue coronado por el éxito. La velocidad con la que maniobré y llegaba, allí donde era el menos deseado, hizo yo y mi barco se cubriese de una aureola sobrenatural que sirvió a mi futura celebridad. La gente suponía que tenía un pacto con el diablo, aunque yo era incapaz de tal alianza, mis marineros, por salvajismo, loca audacia, por propensión sanguinaria, podían ser llevados por espíritus infernales.

Un día, cuando mi barco se balanceaba en el Mar del Norte, el vigía vio un gran barco mercante, que debió haber viajado mucho y transportado una carga considerable que, sin duda, debía ser una de las mejores. La galera nos vio y trató de huir a toda vela. Naturalmente todos sus esfuerzos fueron en vano, mi barco llegó rápidamente y subimos al abordaje. Comenzó una feroz batalla, pues los de la galera estaban armados, pero la audacia desesperada de mis hombres nos aseguró la victoria.

Dando el ejemplo a mis comandados, salté yo primero al techo y mi hacha de abordaje causó una gran brecha entre los defensores de la nave. Distraído por la pelea y todo cubierto de sangre, me precipité en una cabina donde se encontraba un viejo y una niña casi desmayada de miedo. Me hubiera quedado contento de tener al viejo como prisionero, pero él quiso batirse y me clavó en el hombro con su espada. Lleno de rabia, le partí el cráneo con un hachazo.

Cuando cayó, la niña se arrojó sobre él, dando un grito terrible. En ese momento vi a una criatura, la más seductora que jamás había visto, blanca y tierna como un hada, ojos como zafiro y cabello rubio como el oro. Mi corazón ardió inmediatamente.

- ¡No temas, adorable criatura! Ni un solo mechón de tu cabello será tocado - le grité.

Para librarte de todas las desgracias de la batalla y la rudeza de los marineros, decidí ponerla en mi propio barco.

Cuando la tomé en mis brazos, se agitó como una loca, luego se desmayó. Y la llevé inconsciente a mi cabina, la que cerré con llave.

La lucha terminó con la victoria completa de mis hombres y pude examinar nuestro botín: ¡era bastante grande! Escuché por un marinero en la cocina que pertenecía a uno de los comerciantes más ricos de la ciudad de Lübeck. iba a Venecia con su hija, prometida a un lord italiano, y la sustancial dote de la joven estaba a bordo.

Algunas horas pasaron examinando y repartiendo del botín y también el traslado a mi barco del equipaje, los cestos, bultos y demás objetos. Ya estaba listo para dejar la galera, decidido a hundirlo con los presos que mis hombres estaban matando, cuando un anciano vestido con ropa de peregrino apareció sobre la cubierta manchada de sangre.

Estábamos todos atónitos, ya que ninguno de nosotros lo había visto antes. Debía haber estado viajando como pasajero y se había estado escondiendo durante el combate.

El anciano se me acercó, y mirándome con una mirada ardiente, dijo:

- ¿Me concede hospitalidad en su barco, Capitán?

Siempre fui muy duro de corazón, pero ese anciano, no sé por qué, me inspiraba un extraño respeto. ¿Y qué podía hacer un hombre contra sesenta valientes que eran mis marineros? Hice un gesto aceptación y respondí con benevolencia:

- ¡Bienvenido a mi barco, viejo respetable! Encontraré donde alojarte, y tendré bastante pan y vino para alimentarte. Y si nuestro trabajo sanguinario te disgusta, te desembarcaremos en la primera ocasión favorable.

Me agradeció y le ofrecí la cabina que ahora ocupa Isaac Laquedem.

Para descansar después de esta agotadora batalla, di la orden de organizar una gran fiesta. Habíamos capturado tal cantidad de vino y comida de todo tipo que la fiesta fue grandiosa.

Luego tuve una mesa especial para mí, mi ayudante y el anciano; los piratas comían en el puente, cada uno a su antojo.

Estaba de muy buen humor; me reí, jugué con el peregrino y lo felicité por haber escapado felizmente de la muerte. Él sonrió y respondió que la muerte no lo asustaba en absoluto. Le respondí diciendo que la muerte ya no me asustaba.; y mi asistente y yo elogiamos alternativamente nuestras hazañas.

Bebí demasiado y mi sangre empezó a calentarse; la linda noviecita, mi prisionera me parecía cada vez más seductora, y me invadió el ardiente deseo de poseerla.

Me levanté y bajé a la cabina. La joven ya había recobrado los sentidos, estaba sentada, con el rostro escondido entre las manos. Cuando entré se levantó y me miró con su mirada ardiente.

Me senté a su lado, esforzándome por consolarla y finalmente declaré que la amaba, que la mantendría cerca de mí y la obligaría a compartir nuestra existencia feliz y aventurera.

Ella me escuchó en silencio y solo sus labios temblaron nerviosamente. La joven no opuso menor resistencia cuando la besé. Feliz con su calidez y deseando endulzarla más, conseguí una gran caja llena de diamantes y objetos preciosos y se los obsequié.

Abrió la caja fuerte con prisa febril, y su mano tanteó ávidamente en busca de algo en las perlas. De repente, un fuerte rubor de ira coloreó su rostro. Pensé que nada era más querido para una mujer que las joyas, y con dificultad reprimí el deseo por estallar en carcajadas, luego ordené a la bella prisionera que se vistiera y se uniera a nuestro banquete.

Al principio palideció y una luz extraña brilló en sus ojos de zafiro. Pero un minuto después respondió en silencio:

- Haz que me traigan ropa, que está manchada de sangre; luego iré.

Cumplí con su pedido, y media hora después la joven estaba subiendo al puente, resplandeciente como una reina.

Llevaba una prenda blanca bordada en oro, ceñida a la cintura por un fajín de perlas y diamantes; una diadema con joyas brillaba en su cabeza.

Estaba conquistado. Nunca había visto una mujer de tan divina belleza. Su cabello desordenado, envolviéndola casi hasta las rodillas como un suntuoso manto, me fascinaba, sobre todo.

Le dije que se sentara a mi lado, le rodeé la cintura con los brazos y le ofrecí una copa de vino. Ella aceptó, incluso parecía feliz. Me llenó la copa ella misma y se abandonó a mis caricias sin repugnancia visible.

La orgía alcanzó su cenit cuando Laura - que era su nombre - se levantó y, inclinándose sobre la jarra de vino que acababa de llegar, declaró:

"- Me gustaría servir a estos valientes marineros que cantan tan alto en nuestro honor. ¿Permitirme que les vuelva a llenar los vasos yo mismo? Se merecen su reconocimiento hoy y debe brindarles ese placer...

- ¡Haz lo que quieras, oh hermosa mujer! Ciertamente no me negaré a cumplir tu primer deseo. ¡Premia a mis héroes! ¡A tu salud!

Llamé a uno de los piratas y le dije que trajera el ánfora que estaba detrás de Laura. Ella misma llenó todos los vasos y pidió a los marineros que bebieran por su felicidad.

Cuando Laura volvió a sentarse a mi mesa, estaba más blanca que su ropa y parecía desmayarse de debilidad. Le pregunté con angustia si no estaba cansada. Ella negó con la cabeza y respondió con una extraña sonrisa:

- ¡Oh, no! La fiesta acaba de comenzar...

En ese momento, sus labios entreabiertos, su respiración acelerada, que levantaba su seno virginal admirable, sus ojos ardiendo con una llama cruel y ardiente, me sentí definitivamente embrujado.

Loco de pasión, la agarré en mis brazos y la arrastré a la cabina, confiándole a mi segundo el mando del barco. El peregrino hacía tiempo que se había retirado, pretextando fatiga.

Aun no había pasado una hora cuando unos gritos terribles, un ruido en el puente me sacó de mi delirio de amor.

Pronto me recuperé y salté a cubierta. El espectáculo frente a mis ojos literalmente me petrificó.

Mis marineros, como presos de un brote de demencia repentina, rodaban por el suelo aullando como bestias y vomitando una espuma verdosa. Algunos estaban inmóviles, con el rostro negro, como si estuvieran muertos.

En ese momento, mi segundo se levantó de nuevo sobre su codo y gritó, apretando y agitando su puño:

- ¡Maldita sea...! Ella nos envenenó...

Por amabilidad también le había pedido a Laura que le llenara su copa de vino...

Comprendí la verdad y experimenté una ofensa airada contra la mujer que me había vengado, privándome de todos mis fieles compañeros.

Quería agarrar la daga que nunca me salía de la cintura, pero ya no estaba... En ese mismo momento, sentí un golpe profundo, que me golpeó en la espalda y escuché una voz siseante pronunciar:

- ¡Muere, asesino! ¡Maldito seas...! ¡Que tu alma maldita vague eternamente sobre los océanos y nunca te traiga descanso!

Me di la vuelta y vi a Laura. Su rostro ardía, y en sus ojos leí odio salvaje. Tenía mi daga, sus manos y su ropa estaban manchadas con mi sangre.

Levanté el puño para golpearla, pero mi brazo cayó débilmente y, presa de una repentina debilidad, caí sobre la cubierta del barco. Todo a mi alrededor se oscureció y, a través de un velo, vi a Laura enterrarse el puñal en el pecho... y perdí el conocimiento de las cosas.

Un aliento fresco que acariciaba mi rostro me obligó a abrir los ojos y vi al peregrino arrodillado junto a mí. Su mirada ardiente impregnó mi ser. De repente dijo con voz temblorosa:

- ¿Quieres que vivir, muy largamente? ¿No vas a maldecirme enseguida? Entonces te salvaré.

Sentí que me estaba muriendo y, en un esfuerzo sobrehumano, balbuceé:

- ¡Sálvame y te bendeciré!

Entonces Isaac Laquedem - porque era él - sacó de su bolsillo un pequeño frasco lleno de un líquido incoloro, levantó mi cabeza y vació el contenido en mi boca.

Pensé que bebía fuego; las llamas parecían quemar todo mi cuerpo; entonces fue como si un rayo hubiera estallado...

Cuando abrí los ojos me vi en mi cama. Noté a unos pasos de mí, el peregrino sentado cerca de una mesa, leyendo una gran hoja de pergamino.

Me sentí tan dispuesto, tan lleno de fuerza y salud como siempre. El recuerdo volvió a mí con conciencia. Al recordar la terrible muerte de mis fieles compañeros, un suspiro ronco y una palabra de grosera injuria brotaron de mi boca.

El peregrino se levantó de inmediato, se acercó a mí y dijo con voz severa:

- ¡¿Cómo renaces a la vida según una cura milagrosa y pronuncias palabras malditas?! Da gracias al cielo, hermano mío, por encontrarte fuerte y de buen humor. Mira lo que queda de la terrible noche...

Isaac Laquedem me abrió la camisa y vi en mi costado una gran cicatriz, del color de la sangre, que estaba cubierta por una piel fina y transparente como el cristal.

- ¿Y esa cicatriz estuvo visible durante mucho tiempo? Morgan preguntó con curiosidad.

- Todavía se puede ver ahora, a pesar de trescientos años después.

El holandés se desabrochó la ropa, se sacó la camisa y mostró a Morgan una extraña marca, como un apuñalamiento reciente, cubierta con una cinta transparente, del color de la piel.

- La vista de este signo singular todavía me causa una impresión horriblemente dolorosa, y experimento una sensación de debilidad interior.

Entonces el peregrino puso su mano sobre mi hombro y dijo:

- Esta marca sangrienta te recordará para siempre que ya no debe usar más las armas para matar a tu prójimo.

¡Basta de sangre y de crímenes! A partir de este día dejarás de ser un hombre común. Ya has cruzado el límite misterioso que hace breve toda existencia humana. La vida inmortal te espera. Ya no hay necesidad de vivir de saqueos y asesinatos; te daré riquezas y te llevaré a un lugar donde serás recibido como miembro de una hermandad mística y secreta.

Mientras hablaba, una profunda tristeza se apoderó de mí. Mi pasado, lleno de aventuras, se borró repentinamente y, lleno de presagios confusos, aspire a lo nuevo y lo desconocido.

- ¡Haré lo que me ordenes, poderoso Maestro que comandas la Muerte! - Declaré, bajando la cabeza.

Después me levanté, me vestí y quería subir a la azotea. El peregrino consintió y nos fuimos por las escaleras. Una imagen horrible y siniestra se ofrece a nuestros ojos y llené mi alma de terror y desesperación. Todos mis marineros estaban muertos y estaban en desorden. Sobre sus rostros oscurecidos y desfigurados, la expresión de sufrimiento atroz estaba estampada. Ayer; aun estos héroes valientes se apretujaban cerca de mí, llenos de vida y de coraje; ¡hoy no queda de ellos, sino estos cuerpos negros e hinchados! Yo reprimir difícilmente la agitación que rugía dentro de mí y le dije al anciano que estaba a mi lado, de pie:

- Hay que tirar los cadáveres al mar y limpiar el puente - Me agaché para recoger uno de los cadáveres para tirarlo por la borda, pero Isaac Laquedem me agarró del brazo.

- Déjalo. ¡No te sometas al contacto con estos impuros!

Esperemos a la noche, entonces todo se arreglará solo. Mira. El día ya está amaneciendo. Bajemos a la cabina porque debemos pasar este día preparándonos para las nuevas condiciones de tu vida.

Volvimos a bajar a la cabaña. El peregrino me ordenó que recogiera todos los objetos inútiles y los levantara. Luego tapó las ventanas con un tapizado opaco y encendió una vela que estaba en un rincón, sobre una mesita.

Después de eso, me dijo que debía arrodillarme en medio de la cabina, luego trazó círculos en el aire primero y luego en la madera del piso en el que estábamos cerrados.

Vi con asombro un rayo de rayos de fuego que brotaban de su bastón y permanecían en la atmósfera como cintas de luz. Pequeñas lenguas de fuego ardían en el suelo.

Entonces el anciano sacó de su bolsillo un rollo que contenía un trozo cuadrado de tela roja y una bola gris, hecha de una materia desconocida para mí. Me colocó los dos objetos en la cabeza.

Entonces sentí un dolor terrible en todo mi cuerpo; parecía que todo mi cuerpo estaba siendo apuñalado. Este sufrimiento físico desapareció de inmediato, como por arte de magia; yo, pirata astuto, nunca había experimentado algo así...

De los círculos de fuego que nos rodeaban, el peregrino y yo, poco a poco, aparecieron criaturas lívidas, manchadas de sangre, con rostros desfigurados. Me aterroricé al reconocer en ellos a las personas que había matado.

La multitud de mis víctimas siempre aumentaba, pero el peregrino parecía no preocuparse por ellas. Siguiendo un ritmo mesurado, pronunciaba palabras en un idioma desconocido. De repente en el aire había un par de blancos como la nieve, que estaban arriba. de nuestras cabezas flotaba, como si fuera una nube brillante rodeada de llamas multicolores.

Sentí esto como si fuera un sueño. Toda mi atención estaba centrada en la horrenda tropa que, por todos lados, se arrastraba hacia mí, con la intención de apoderarse de mí. Los ojos fosforescentes del fantasma ardían con odio salvaje; terribles maldiciones, blasfemias sonaban en mis oídos y, manos largas, con dedos ganchudos, se acercaron, pareciendo querer arrebatarme.

Lo que sufrí en esta hora trágica nunca lo podré describir. Fue una agonía incesante. En verdad viví todas las muertes que causé...

Me sentí aplastado, loco de pavor, agarré la ropa de Isaac Laquedem, quien conjuró las sombras errantes con su voz fuerte.

Poco a poco una parte de los fantasmas se desvaneció y desapareció en las sombras, pero los más furiosos seguían gritando:

- "¡Ojo por ojo, diente por diente! ¡Que sufra! ¡Maldito sea! ¡Maldito! Que, sin saber reposo, se equivoca en el océano que ha ensuciado con sus crímenes. ¡¡Que vague, execrado y maldito, sobre las olas de nuestra sangre!!"

Finalmente, los últimos espíritus vengativos desaparecieron, agotados, cayeron sin fuerzas al pie del viejo, Pero la tregua fue breve. Pues de repente sentí un extraño temblor y enfermizo sacudir todo mi ser y vi, con un nuevo terror si de mi cuerpo se escapaba un vapor que silbaba y gemía, rojo, viscoso y nauseabundo, me quedaba sin aliento y me quedaba inerte.

Cuando me di cuenta de mí mismo, las imputaciones y los círculos de fuego se habían ido. Isaac estaba arrodillado junto a mí, limpiando mis manos, la cara y el pecho con ropa mojada. Me ayudó a ponerme de pie y tumbarme en mi cama.

- Logré purificarte en parte. ¡Ahora duerme y descansa!

Esta noche tendremos un trabajo pesado que hacer.

Estaba tan cansado que me quedé dormido de inmediato en un sueño profundo. Me despertaron unas campanas lentas, agudas y espeluznantes; me sentí como la sentencia de muerte para mí.

¡Me invadió un resfriado y puse más cubiertas sobre la cama! El corazón latía apresuradamente No, estaba soñando. Sonó una campana cubriendo el ruido. Tormenta que se había desatado en mi sueño El viento azotaba las cuerdas, en las poleas, doblando los mástiles y rompiendo el casco del barco, el trueno retumbaba en la distancia.

Inquieto, salté de la cama. ¿Qué sería de nosotros? ¿Cómo maniobrar sin equipo?

La llegada de Isaac Laquedem interrumpió el curso de mis pensamientos.

- ¡Soy yo! Debemos enterrar a los piratas - declaró.

La noche negra nos rodeó y solamente. los destellos de los relámpagos iluminaron el mar agitado y el montón de cadáveres por un momento.

Nunca antes había visto una tormenta tan furiosa. El silbido del viento cubría el ruido de los truenos y el rugido de las olas; estas, levantadas como montañas, parecían tener a cada momento para sumergir nuestro barco, un minúsculo cadáver que arrojaba en sus crestas espumosas Y sin embargo avanzamos con cada vela.

Para completar el horror, pequeñas llamas corrieron sobre los cadáveres, y la alta silueta del anciano, con los brazos levantados, iluminados por el fuego del cielo, adquirieron un aspecto terrible y fantástico.

De repente una luz verdosa pareció elevarse del océano, como si fuera un halo que rozara el barco, y, en el mismo momento, percibí en la cima de una ola alta, una campana como fundida en metal incandescente. Cerca de ella Era una figura negra, vagamente delineada, solo se representaba claramente el rostro anguloso y terroso de esta forma con ojos verdes, que expresaban un odio infernal.

Esta criatura tenía una cuerda de la campana que se venció lenta- mente; y los sonidos lastimeros, reclamaciones, gimen que es confundido con el aullido de la tormenta, que produce una impresión tan dolorosa, que incluso ahora no puedo evocar sin temblar.

Isaac Laquedem estaba terrible. De su cabeza, su barba, sus manos emanaban una luz fosforescente, su fuerte voz tronó, penetrante y despiadada mientras pronunciaba palabras en un idioma desconocido.

De repente un imprevisto y terrible espectro se ofreció a mis ojos. Los cuerpos de los piratas se levantaron, uno tras otro, saltaron por encima de la barandilla y se reunieron alrededor de la campana que no dejaba de sonar.

En el destello del relámpago vi claramente a todo el grupo de piratas mientras se balanceaban en la cima de un enorme oleaje. Sus rostros verdosos con ojos vidriosos me miraron... Entonces todas las cosas palidecieron y lentamente desaparecieron en las olas furiosas por el mar.

Me tambaleé como un borracho, traté de regresar a mi camarote y di unos pasos inseguros. Mis oídos aun superan la campana suena rítmicamente; chispas de fuego si entre cruzaban frente a mis ojos. Me pareció que los cuerpos de mis compañeros bailaron a mi alrededor, en una farandola infernal, y, con un grito ahogado, perdí el conocimiento.

IV

No puedo decir cuánto tiempo duró este estado de inconsciencia y, extrañamente, no fue un estado de vacío lo que me llevó, sin pensar ni sentir, sino una confusión por momentos de visiones repugnantes.

Cuando finalmente volví a abrir los ojos y la conciencia plena volvió a mí, ya era de día: los rayos del sol inundaron el puente vacío; todo estaba limpio, en sus lugares, y nadie podía decir que el más terrible de los dramas humanos acababa de tener luz allí.

Yo estaba tendido al pie de un mástil, dispuesto, lleno de energía vital, pero mi mente y mi corazón estaban extrañamente abrumados, oprimido de tristeza. Sin que hubiese nadie en el timón, el barco vagaba a velas sueltas, en una dirección claramente determinada. Apoyado contra el escudo, Isaac Laquedem miraba hacia el océano, pensativo y triste, y se volvió al oír el ruido que hice al levantarme.

- Buenos días hermano - dijo sonriendo -. Como puedes ver, todo está en orden. Además, puedo anunciarte con alegría que nos dirigimos al lugar de reunión de nuestros hermanos.

Le di las gracias y le pedí llegar pronto a mi destino. Laquedem respondió que nuestro viaje terminaría tan pronto como se completara la pacificación previa de mi ser con esa otra criatura a bordo.

Ante mi profundo asombro, agregó:

- ¡Sí, de hecho, hay una tercera persona aquí!

Vamos, te llevaré con ella.

Bajamos a la pequeña cabaña que una vez ocupó mi segundo, y vi a la mujer que me había dado el golpe mortal.

Ella se vistió de luto, terriblemente pálida, su rostro se veía sin sangre temblor, confusión, se sintió inquieta ante mí, con la mirada baja, y todo su ser respiraba una sombría tristeza.

La miré con una calma que me asombró; no experimenté ni rabia ni odio hacia ella. Era consciente de haber sido el único culpable y, en contra de mi voluntad, dije:

- ¡Perdóname!

- Perdónense los unos a los otros - declaró el anciano - la misma suerte los encadena en la tierra.

Con el corazón apesadumbrado, me acerqué a Laura y repetí las palabras, suplicando perdón. Ella me tendió la mano y me miró con sus hermosos ojos. Que ya tenía esa expresión que todos tenemos - los que no morimos...

Había llegado a la paz entre nosotros dos.

Desde entonces, los tres hemos vivido en este barco que ya no comandaba, pero que manos invisibles dirigían como lo hacen hoy. Laura y yo, durante parte del día y de la noche, realizamos los ritos que Isaac nos ordenó hacer. Participan en estas ceremonias, con sus conjuros y sus cantos extraños.

Pasamos nuestras horas de descanso en el puente, abandonándonos a nuestros sueños y hablando. Ella y yo nos hicimos amigos. Pero cada día nos volvíamos menos comunicativos. Y mi inteligencia evolucionó, un sentimiento de profunda nostalgia, de indiferencia por la vida, se desarrolló en mi espíritu Mi existencia tormentosa, hecha de crímenes y saqueos, me parecía un sueño terrible, me daban el miedo a la muerte, por lo que aun no podía creer en esta vida inmortal de la que me habló Isaac Laquedem.

Pasaron más de dos meses así. Finalmente, el anciano nos dijo que estábamos lo suficientemente purificados para ser recibidos en el santuario. Llegaríamos allí la noche siguiente. Estábamos en el mar, pero ¿dónde? Yo no me podía orientar, porque ni una sola vez habíamos encontrado un solo barco, y el océano parecía un desierto. Una gran curiosidad me invadió. Por fin llegaríamos a tierra y averiguaría a qué continente, por qué orilla nos acercábamos.

No dejaba el puente. La noche cayó y la deseada margen no aparecía. Por fin percibí al pálido resplandor de la luna, grandes rocas negras que salen de las olas. Por lo que pude juzgar, nos acercábamos a una isla o a un gran arrecife solitario, ya que no se veía ninguna flota.

Llegando cerca de una roca alta, con una punta afilada, el barco se detuvo y tocó las piedras grises. El anciano se acercó a la acera y gritó tres veces en voz alta:

- ¡Isaac Laquedem!

El eco repitió el nombre tres veces. Los sonidos de una campana parecieron hacerse oír dentro de la roca. En el mismo instante ocurrió un extraño fenómeno: como tirada por manos invisibles, la masa granítica giró sobre un lado, descubriendo una excavación profunda. Luego, el bloque macizo se desvió, abriendo una galería abovedada donde notamos doce escalones cubiertos de alfombra, dos niños al fondo, vestidos de blanco y llevando en sus manos lámparas cuya luz era muy brillante.

- Ustedes que conocen la luz eléctrica no se sorprenden cuando llegamos allí; pero yo, un simple marinero salvaje del siglo XV, creí ver una luz celestial.

Isaac Laquedem salió primero, Laura y yo lo seguimos. Todos entramos en la galería excavada en la roca. Cuando me di la vuelta, noté que el enorme bloque se había cerrado silenciosamente detrás de nosotros.

Silenciosos, seguimos a Laquedem y finalmente llegamos a una pequeña sala redonda, de la que salían galerías similares a la que acabábamos de atravesar.

En medio de esta pieza, que podemos tomar por una antecámara, estaba un anciano muy alto, vestido con una prenda blanca que brillaba como cosida con diamantes. Una gran espada colgaba de su cintura, y su pecho, debajo su gran barba plateada, estaba cubierta con un antepecho dorado, decorado con piedras preciosas, y en sus pies había zapatos blancos con puntas torcidas.

El anciano abrazó a Agasther, otro nombre de Laquedem, y nos miró un buen rato, analizándonos. Después de haber intercambiado algunas palabras con nuestro guía, se llevó un pequeño cuerno de marfil a los labios y sonó una fuerte llamada. Un niño llegó vestido con ropas. blanca, como la de los dos chicos en nos habían recibido. Él me condujo a través de una de las galerías a un cuarto ricamente adornado, donde vi una cama ya preparada y comida sobre la mesa.

- ¡Restauraos y dormid! Vendré a buscaros cuando sea el momento adecuado.

Después que haber dicho estas palabras, el niño se fue. Comí con un apetito que ni siquiera recuerdo cuando había comido tan bien. Me sentí mucho mejor. El aire me pareció mucho más ligero en esa región, más puro y saturado de aromas revitalizantes. Las ganas de vivir renacieron en mí...

Después de haber saciado mi hambre, examiné mi alojamiento. La cámara en la que estaba debía haber sido una cueva convertida en vivienda. El mobiliario era muy rico y de un estilo que desconocía. La tela de las cortinas también era desconocida para mí, y me parecía hecho de alambres de metal.

Suponiendo que una de las cortinas de la puerta ocultaba la entrada a una habitación vecina, levanté la cortina y no pude reprimir un grito de entusiasmo.

Me encontré frente a una ventana tallada en la roca. Ella daba a un paisaje verdaderamente mágico: un profundo valle interior, rodeado por todos lados por enormes rocas. Por encima de esta masa negra, como una bóveda sombras de zafiros, se extendía un cielo sembrado de estrellas. Un lago en el fondo del valle reflejaba la luna llena como un espejo.

Profundas cuevas, de formas fantásticas e iluminadas por una suave luz azulada, se extendían alrededor de las aguas y sus extremos se desvanecían en misteriosas sombras. Noté en una de las cuevas los escalones de una estrecha escalera, tallada en la piedra y desapareciendo con las bóvedas. Barcazas estaban amarradas en numerosos puntos de la ribera; dos grandes cisnes nadaban majestuosos sobre las oscuras y tranquilas aguas. Todo el paisaje respiraba una indefinible serenidad y actuaba favorablemente en mi alma dolorida y agitada.

Solo me fui a la cama después de haber disfrutado plenamente de la contemplación de esta magnífica vista, y luego me quedé dormido de inmediato.

Mi joven guía me despertó y me ofreció sus servicios para vestirme. El niño me llevó a una habitación contigua donde me ayudó a bañarme en una palangana de piedra azul llena de agua perfumada. Me vestí de nuevo con una ropa semejante a la que traía el viejo que nos había recibido. Después mi pequeño valet me ató la cintura con un cinturón - pero en este no había espada - y colgó en mi cuello una cadena decorada con piedras negras sobre la que colgaba un pentagrama de esmalte rojo; en el centro había una piedra transparente, donde parecía brillar una llama.

El niño me miró; al darse cuenta, sacudió la cabeza y dijo:

- ¡Cuánta sangre tienes, hermano!

Entonces, al notar mi emoción, pronto cambió la conversación y me mostró un gran cofre de plata cincelada, decorado con talles de turquesa; allí tuve que guardar los accesorios que usaba y con los cuales, cada vez que llegara allí, me servirían en ese lugar.

El pequeño encendió una vela y salimos; yo lo seguí en silencio. Así cruzamos muchas galerías. Por fin se abrió una puerta maciza ante nosotros y me encontré en un pasillo. Todo el resplandor magnífico de las luces doradas parecía caer desde el techo, si se refleja en losas de mármol y mosaico del piso.

El terror me invadió, mi corazón parecía a dejar de latir y me faltó la respiración. Sin duda me habría caído si la mano fuerte de alguien no me hubiese amparado.

Cuando pasó mi malestar, vi a Isaac Laquedem, fue él quien me sostuvo y me susurraba palabras de aliento al oído. Llevaba la misma ropa que yo, pero en la cabeza tenía una fina corona dorada con una estrella en el medio de la frente que irradiaba rayos resplandecientes Calmado, me arrodillé y miré a mi alrededor.

Entonces vi a ambos lados de la habitación hombres vestidos de blanco y mujeres con el rostro cubierto por un velo. Todos estaban arrodillados y absortos en oración. Solo entonces noté que la bóveda se abría bajo el cielo e torrentes de luz inundaban el templo, no siendo más que rayos de sol.

Al fondo de la sala, había una especie de pabellón sin techo, todo en plata y decorado con columnas de lapislázuli.

En el frente, el pabellón estaba completamente cubierto. Se veían escalones que conducían a un gran trono donde brillaban velas en un candelabro dorado de siete brazos. En el centro del trono había una gran copa, rodeada de un vapor claro y fosforescente.

En los escalones del trono tapizados en alfombra, había un anciano de barba blanca, vestido como nosotros, con cierta diferencia - la tela brillante de su ropa emanaba, con cada uno de sus movimientos, rayos multicolores.

En la cabeza de este Gran Sacerdote había una corona con siete dientes, teniendo en la punta de cada extremo una pequeña llama. Tenía en su mano una espada corta y ancha con la que trazaba en el aire signos misteriosos.

A ambos lados del trono, en el escalón superior, dos caballeros estaban inmóviles, uno vestido con una armadura de oro, el otro con una armadura de plata; en sus manos espadas. Viseras levantadas desnudaron sus bellos rostros, sombríos y serenos.

Me asombró la contemplación de estas figuras cuando, de repente, resonó una canción majestuosa, acompañada de un órgano. La melodía era extraña, pero es necesario haberla escuchado para comprender la acción extraordinaria de esta música.

Los sentimientos que dieron origen a esta maravillosa música, nunca antes escuchada, mataron al hombre viejo que yo era.

Entonces los dos caballeros que estaban cerca del altar trajeron una gran copa de oro, y arrodillándose, la tomaron en sus manos. Entonces el Sumo Sacerdote bajó las escaleras, llevando un pequeño frasco de cristal, lleno de líquido color sangre y una pequeña cuchara de oro. Con eso tomó el líquido rojo en una cantidad correspondiente al número de asistentes, llenando la copa grande de oro.

De allí, el Gran Sacerdote condujo de nuevo al trono la copa de cristal, bajó nuevamente las escaleras y llamó uno a uno a todos los presentes. La gente se acercaba y el Gran Padre derramaba un poco del líquido sobre nuestra cabeza.

Por fin, el Gran Padre llamó a Laquedem, Laura y yo. Al escuchar mi nombre, me estremecí, pero Isaac me tomó de la mano y me condujo hacia el líder.

El judío errante nos presentó, contó nuestra historia en detalle y le pidió al Gran Padre que nos acogiera. Éste tuvo un gesto de consentimiento. Después de haber vertido un poco del misterioso licor sobre la cabeza de Isaac, el Gran Padre hizo una señal para que me acercarse.

Él derramó el licor misterioso en la cabeza y sentí, me pareció, como quemaduras en mi piel. Tomó de una bandeja dorada que le trajeron, un puñal que me tendió, pronunciando:

- Te armo con esta espada mágica, para que puedas defenderte de los espíritus sufrientes y vengativos que te persiguen. No olvides mis palabras: no tienes derecho a usar sino esta arma, solo ella.

- Aquí está - agregó el holandés errante, indicando la daga que ahora colgaba de su cintura.

Después de un momento pensativo, continuó:

- Después de ponerme la daga en la cintura, el anciano me puso un anillo en el dedo y dijo:

- Quédate con este anillo, pues será el signo de tu admisión al grupo de hermanos de la Mesa Redonda de la Eternidad y recibirás, al mismo tiempo, el nombre de Dakhir. Así será tu nombre en nuestra Cofradía. Cuando estés en tu barco maldito y la angustia y la soledad te llevan a la desesperación, tocarás la campana… los sonidos nos llegan y te atenderemos También puedes bajar a veces a tierra y tomar contacto con los hombres, pero no por mucho tiempo - tres días y tres noches. Ahora ve a aprovechar las horas que te quedan junto a tus hermanos de sociedad.

Besé la mano del anciano y me levanté; Laura, pálida y demacrada, se le acercó.

- Tú te abandonaste al odio ciego y la sed de venganza. Por tu crimen debo condenarte a la soledad. A los mortales que te vean, les traerás mala suerte. Entonces, ten cuidado de no incrementar el número de tus víctimas.

Estuvimos tres días en ese misterioso palacio, todos los que habitaban este lugar de descanso y felicidad se acercaron a nosotros como si fuéramos todos hermanos.

Los seres que pertenecían a las graduaciones superiores de la jerarquía se dedicaban la mayor parte del día a trabajos en los que yo no fui admitido. En un momento determinado, todos se reunieron en la gran sala que también verán. Allí, en una gran ronda mesa, se encuentra una copa de oro, siempre llena de una sustancia desconocida; ella pasa de mano en mano y todos toman un sorbo.

- Discúlpame, hermano mío - interrumpió Morgan -. Has hablado más de una vez del Grial, como de un objeto real, tangible; pero se sabe por la historia que se trata sólo de una alegoría poética, probablemente nacida en Provenza y glorificada por Wolfrain d'Eschenbach, caballero trovador del siglo XVIII.

Dakhir sonrió.

- La historia del Grial[2], contada por D 'Eschenbach, y antes de él, por el típico Guyot de Provins, Chretien Troye y otros, es de hecho una poesía de invención. La base de la leyenda, recordando la existencia del elixir de larga vida, es un hecho que ni usted ni yo podemos tener realmente como verídico. Tales fueron los esfuerzos de los Hermanos de la Mesa Redonda de la Eternidad por guardar el secreto, pero ciertas cosas fueron reveladas. Cuanto más profundos fueron los siglos, de pueblo a pueblo, cubriendo las creencias y las costumbres de la época, esta leyenda, modificada, aumentada, desfigurada, llegó a la Edad Media cuando d'Eschenbach y sus predecesores le dieron un matiz cristiano. La sangre del Salvador se convirtió para ellos en la esencia de la vida; el ver la copa ya aseguraba la inmortalidad; y nuestro asilo secreto se convierte en el inaccesible templo del Grial que buscan los Caballeros de la Mesa Redonda.

Si las narraciones celtas y normandas, e incluso los poemas provenzales nos fueran conocidos en sus formas más tempranas, sentirías las huellas más claras del original de estas leyendas. Pero las fuentes son peligrosas. La última supervivencia de las narraciones originales que ellos aun

---

[2] Grial, o el Santo Grial, jarrón que Jesucristo habría utilizado en la Última Cena y en el que José de Arimatea habría recogido la sangre que brotaba del costado de Jesús, herido por el centurión. En los siglos XII y XIII, numerosos romances caballerescos relatan la búsqueda del Grial por parte de los Caballeros del Rey Arturo. Las obras más conocidas son las de Chrétien de Troyes, de Robert de Boron y de Wolfram von Eschenbach, que inspiraron a Wagner su *"Partisal."* (Koogan - Selecciones de Larousse).

fueron preservados por los albigenses y fueron destruidos por la Inquisición. Solo quedan unos pocos poemas de poetas germánicos. Si nuestra hermandad se llama "La Hermandad del Grial" es solo para usar un término que conocemos y que proviene de una palabra antes pronunciado: Saing Réal[3], que significa sangre real. Este apelo alegórico es muy cierto, porque la sustancia de la vida es verdaderamente la sangre real de la naturaleza.

- Gracias, hermano mío, por la aclaración. Y ahora, por favor, continúa con tu interesante relato - dijo Morgan.

- Terminó. Cuando salí del Santuario, todavía muy emocionado, vi a Laura. Ella se acercó y me propuso ver el lugar donde fue condenada a vivir sola. Fuimos allá. Laura me llevó a la orilla del lago. Luego tomamos una pequeña góndola en una escalera que subimos para encontrarnos en una gran cueva. Una fuente salió de una de las paredes y llenó con su agua clara una gran palangana de piedra y desapareció con ruido, en una abertura de la roca; al fondo había una cama y una mesa en la que percibí un libro, un ánfora, un vaso y velas. En una de las esquinas de la pared de roca, se había incrustado una cruz y ante ella brillaba una pequeña lámpara.

- Estoy condenada a vivir aquí. Cada semana, un pequeño criado templo me va a llevar comida y ropa limpia me podré bañar en esta tina. Debo dedicar mi tiempo a leer este libro y estudiando - dijo Laura, sus labios temblaban -. Mañana - añadió ella -, el camino que lleva al lago ser cerrado, para respirar el aire fresco debo subir allí….

---

[3] Original francés; en francés actual es *Sang.*

Laura indicó una escalera de caracol que no había visto antes.

Subimos esas escaleras y nos encontramos en una pequeña explanada, justo en la cima de la roca. Desde esa vertiginosa altura el océano desértico se extendía fuera de la vista; a nuestros pies se balanceaba suavemente, velas bajas, mi barco iluminado por la luna.

Una tristeza inexplicable se apoderó de mi corazón. Ciertamente Laura debió haber experimentado la misma angustia, porque de repente cayó de rodillas y, agarrándome de la mano, gritó con la voz rota por los sollozos:

- ¡Llévame contigo, Dakhir! En esta terrible soledad, en esta vida eternamente monótona, perderé la razón... Preferiría estar contigo, en tu barco, y compartir la vida errante.

Laura estaba tan maravillosamente hermosa en su desesperación que mi corazón palpitaba. Por supuesto, si pudiera ser mi compañera en mi cabina solitaria, mi futuro habría perdido la mitad de su horror. La posibilidad de cumplir el deseo de la infortunada mujer que, a través de mi culpa, estaba en esta vorágine.

La levanté y le estreché las manos con fuerza, diciendo:

- ¡No, no, Laura! Debemos seguir el camino indicado por nuestros maestros. Volveré cada siete años.

Laura estaba muy pálida, pero dócil a su destino.

- ¡Tienes razón, Dakhir! Me someteré y te esperar y te esperaré con paciencia, porque, de todos modos, eres el único ser al que conozco aquí.

A la hora de partir, en el gran salón todos los hermanos del Grial ya estaban reunidos. Isaac Laquedem vestía sus ropas de peregrino, y todos los que salieron del templo habían dejado sus túnicas blancas relucientes.

Nos abrazamos toda la última vez. Después que el bloque de macizo de piedra se abrió y vi mi barco partir desde el cual se veía también otro barco, el que, sin duda, llevaría a otros viajeros.

Con el corazón dolorosamente apesadumbrado, rápidamente subí a bordo de mi barco. Isaac Laquedem me siguió y partimos de inmediato. Por un minuto vi la silueta blanca de Laura en la cima de la roca, bañada por la luz de la luna. Luego todo desapareció en la neblina.

Muy angustiado, bajé a mi camarote. Entonces noté que se habían producido importantes transformaciones en mi barco. Cada espacio que antes ocupaban mis marineros estaba dividido en muchos camarotes. En el más grande de ellos vi una campana metálica, y, aparte un objeto cubierto con tapicería negra.

Asombrado, estaba mirando mi camarote cuando entró mi compañero.

- Vine a darte algunas explicaciones necesarias - dijo Isaac Laquedem -, esta campana te pone en comunicación con el Palacio del Grial.

Luego se quitó la tapicería negra y descubrió una placa de metal que reflejaba todos los colores del arco iris.

- He aquí un espejo mágico en el que verás todos los barcos condenados a perecer. Aparecerás como heraldo del naufragio y la muerte. Pero tu deber será, por todos los medios a tu alcance, y sin traicionarte a ti mismo, salvar al menos a uno de la deshonra que se producirá, nunca debes arriesgar tu vida, sino sufrir todas las dificultades, las fatigas, el esfuerzo de un simple marinero que se sacrifica para salvar a su prójimo.

Temprano a la mañana siguiente, estaba solo. Mi barco, que era gobernado por manos invisibles, navegaba suelto sobre las olas, despreciando las tormentas. Cuando el mar estaba en calma, o en las tormentas más terribles, se balanceaba dulcemente sobre las crestas de las olas.

Un día, durante una tormenta espantosa, me vino el deseo de mirarme en el espejo. Le quité la funda. Al principio no vi nada y solo llegaban a mis oídos lejanos gritos de terror. Luego, en el fondo mismo del brillante y disco multicolor, el océano salvaje y una gran galera, con mástiles rotos, amenazado de volcarse.

Comprendí que el caso se presentaba como Agasther me había dicho. Tenía que salvar a la multitud. Rápidamente subí al puente.

Con una velocidad increíble, mi barco se deslizó sobre las olas embravecidas y pronto vi la galera que naufragaba; y pasé como un fantasma, casi tocando su casco ligeramente.

Como estaba fuera de la vista de los náufragos, mi barco se detuvo. Bajé a una pequeña barcaza y logré llegar al sitio de la catástrofe, donde flotaban los restos del barco. Logré salvar a dos niños. Como no podía dejarlas cerca de mí, las hice llegar a la tierra, tan pronto como pude, donándoles una suma muy grande en piezas de oro.

Además, como ya te lo dije, vivo esta existencia monótona y solitaria.

Tú también aprenderás, Supramati, secretos sorprendentes y terribles, y un nuevo mundo se abrirá frente a ti. Pero no tengo el derecho de hablar de eso antes de la hora.

Dakhir guardó silencio y apoyó los codos en la mesa, ahuecando la barbilla con aire soñador.

Morgan también permaneció en silencio; los pensamientos más contradictorios pasaron por su mente. Ralph se preguntó por un momento si no habría perdido la cabeza, y si el mundo fantástico que estaba tomando forma allí no era producto de su cabeza enferma.

Y Ralph recordó de repente a un viejo marinero que había conocido de niño, cuando vivía con su madre, en un pequeño pueblo junto al mar: el marinero le dijo que había visto el barco fantasma. Y cuando. Morgan, ya incrédulo, quiso burlarse de esta alucinación, el viejo lobo marino frunció el ceño y observó con severidad:

- ¡No te rías, muchacho, de lo que no puedes entender! Repito: mis ojos han visto la nave fantasma y su capitán. La mirada de ese espectro me hizo temblar de pavor. Se puede decir que este terrible heraldo de la muerte sufre él mismo con su cruel misión. Yo era el único que se salvó ese día... "

Así que el Capitán Joe Smith llamaba de espectro al que estaba sentado conmigo en la misma mesa; y sus ojos, tristes y profundos, que habían hecho temblar al valiente marinero, miraron a Ralph con una ligera ironía.

Para disipar el terror que nació en él, Morgan interrogó al holandés errante:

- ¿Ya sabes, Dakhir, la historia de Isaac Laquedem y la verdadera causa su vida errante?

- No; los detalles de su vida me son desconocidos. Solo sé que cuando a Isaac se le confió un frasco lleno de la esencia de la vida para llevarlo a alguien que iba a ser miembro de nuestra cofradía, después de recibir la primera iniciación, Isaac entendió, no sé cómo, el propósito del elemento poderoso, y lo tomó para sí mismo. Luego, aterrorizado por el abuso de confianza del que se sentía culpable, huyó, temiendo la venganza de los señores, cuyos poderes conocía muy bien, pero, repito, ignoro los detalles...

Dakhir miró su reloj y se levantó.

- Es tarde, hermano mío, y es aconsejable que descansemos. Aunque tenemos una vida inmortal, el sueño también es necesario para nosotros. Y te lo juro, los recuerdos que evocamos no han fatigado mi cuerpo sino mi alma.

La voz de Dakhir delataba una tristeza indefinible y una gran lasitud. Se sirvió una copa de vino y se la bebió, luego, habiendo llevado a Morgan a una cabina donde colgaba una hamaca, desapareció.

Morgan se fue a la cama pronto. Tenía la cabeza pesada y sentía un ardiente deseo de reposo y olvido.

No podría decir la cantidad de horas que había dormido; el roce de una mano y una voz sonora lo despertó. Escuchó:

- ¡Levántate, Supramati! Estamos al final del viaje.

- ¡Oh! ¡Parece que dormí tanto...! - Exclamó Morgan, saliendo de la hamaca.

- Sí, mucho - respondió Dakhir, sonriendo. Vístete rápidamente y vamos a cenar, sino te arriesgas a quedarse con hambre hasta mañana por la mañana.

Cuando Morgan entró en la cabina donde lo esperaba Dakhir, vio una mesa lujosamente dispuesta. Mientras se sentaba, le preguntó a su compañero:

- Dime, Dakhir, ¿quién te prepara estos exquisitos alimentos, dónde compras estas frutas y estos otros alimentos que veo aquí?

- No compro nada.

- ¿Cómo haces entonces?

- Tengo servidores a mi disposición que me brindan todo lo que necesito.

- ¿Dónde están? Nunca los vi... – dijo Morgan espantado.

- Quizás los veas algún día. Pero no me preguntes.

El joven comprendió que estaba tocando un misterio. Se quedó callado, mirando con lástima el rostro pálido y melancólico de su compañero y sus grandes ojos pensativos. Dakhir lo inspiró con la más viva simpatía y él deseaba fortalecer aun más su amistad con el holandés.

Después de refrescarse, ambos subieron al puente, donde ya estaba Agasther, silencioso y concentrado.

Para no interrumpir la meditación del anciano, los jóvenes caminaron hasta la proa del barco y contemplaron el océano tranquilo y silencioso.

La noche fue maravillosa. La luna iluminó el espacio con tanta fuerza que se descubrieron fácilmente horizontes lejanos.

Entonces, la masa negra de la isla rocosa emergió del océano. Dakhir pronunció con una sonrisa:

- ¡He aquí el Palacio del Grial!

- De hecho, me parece que estoy siendo transportado a un país de sueños - señaló Morgan -. Todo aquí habla en contra de la razón. Si en Londres contase en mi clínica este viaje sobre el barco fantasma, el Palacio del Grial y la compañía del judío errante, mis interlocutores inmediatamente me pondrían la camisa de fuerza y me encerrarían como un loco. De los más peligrosos.

El holandés guardó silencio y su mirada pensativa se detuvo sobre la línea rocosa, llena de misterio, cuyos contornos desnudos y dentados se dibujaban contra el azul sombrío del cielo.

- ¡Mira, Supramati! - Gritó de repente -. ¿Ves aquella mancha blanca que parece brillar allí, justo encima de la roca? Es Laura que me espera.

Supramati: llamaremos a Morgan de esa manera - puso su mano sobre el hombro de su amigo y, mirándolo con picardía en sus ojos soñadores, dijo:

- Empiezo a creer que el odio de la bella Laura se ha convertido en amor, después de tanto tiempo; ¡ya no es un enemigo al que ella espera con esa impaciencia!

Dakhir suspiró.

- ¡Es verdad! Ella me ama y tiene prisa en a unirse a. me.

- ¿Es eso lo que te hizo suspirar? Entonces, ¿amas a esta adorable criatura o ella está más bonita? Si pudiera me gustaría verla con tus binoculares...

- ¿Y por qué no? ¡Mira allá! - Respondió Dakhir con una leve sonrisa.

Rápidamente, Supramati descendió a la cabina y llegó con unos prismáticos que apuntaban hacia la silueta blanca, más nítida y clara, minuto a minuto, sobre la roca.

- ¡Gran Dios! ¡Pero ella es soberbia como una aparición celestial! ¿Cómo es posible no estar encantados por esta hermosa mujer que te espera tan fielmente?

- No, ya no la amo. Si no me hubiera apuñalado, me habría quedado como era e Isaac Laquedem no habría tenido la idea de regalarme la inmortalidad. Hoy descansaría con todos mis antepasados - respondió Dakhir, cuyo rostro estaba oscurecido -. Entre Laura y yo se colocan sus males que me condenan, de hecho, todo su amor no puede hacerlos desaparecer. Me encantaría una persona corriente, una mujer mortal, cariñosa y delicada como una mariposa que se teme perder y no este eterno *memento mori*...⁴ y su belleza ya no tiene en mí la influencia que antes tenía.

Isaac Laquedem se acercó a los dos amigos. El barco se detuvo, habiendo tocado el borde de la antorcha. Supramati miró de cerca a los ojos del anciano que

---

⁴ *Memento mori*: atención a las costumbres

lentamente gritó su nombre tres veces con mucha fuerza.
Los ojos oscuros de Agasther expresaban inteligencia y
energía, pero no amabilidad.

Los fenómenos que tuvieron lugar desviaron la
atención de Supramati, quien miró con curiosidad la
entrada iluminada al lugar lleno de misterio en el que
debían ingresar.

Las cosas resultaron como Dakhir le había descrito:
un niño condujo a Supramati a una habitación donde pasó
la noche. Por la mañana lo vistieron con las ropas de la
Orden y lo llevaron a una gran sala donde tuvo lugar la
imponente ceremonia, según informó Dakhir.

Cuando el Sumo Sacerdote llamó a Supramati, se
acercó temblando de emoción. El sacerdote vertió esencia
roja en su cabeza y luego dijo:

- Heredero escogido por Narayana, ahora eres
recibido como miembro de los Hermanos de la Mesa
Redonda de la Eternidad.

El anciano tomó del altar una piedra labrada en
forma de corazones, rojos como un rubí en su centro como
si alumbrara una llama, y la colgó del cuello de Supramati.

- ¡Recibe, hermano Supramati, este poderoso
talismán sanador! Te permitirá apaciguar el sufrimiento de
cualquiera. Pero déjame darte un consejo. Para adquirir la
serenidad lúcida, necesaria, es preciso haber vaciado la copa
profunda de la vida y sumergirse en el conocimiento de las
pasiones que sacuden el mundo al que volverás. Entonces,
te sumerges en la multitud, en el inmenso mercado donde
todo se compra y todo se vende. ¡Ve, hijo mío, y sumérgete

en el torbellino que es la vida! Cuando hayas ejercido libremente la facultad de apreciar, tu sangre cambiará y tu pensamiento purificado te elevará muy por encima de la tropa humana. Será entonces cuando todo este trabajo preparatorio estará terminado y solo tú podrás abrir el gran libro del Conocimiento Superior y buscar la Causa de las Causas.

El anciano guardó silencio por un momento, luego, volviéndose hacia la asamblea, declaró:

- ¡Mis hermanos! Queda un deber por cumplir. Es necesario que rompamos los lazos que aun unen al traidor Narayana a la causa que abandonó. De hecho, Narayana regresó al mundo invisible antes de su tiempo; solo podemos irnos cuando nuestra misión haya sido cumplida.

Todos retrocedieron y formaron un gran círculo en el centro del cual dos niños colocaron un trípode con brasas y un gran vaso largo y liso que contenía una sustancia blanquecina.

Entonces se acercó el Sumo Sacerdote, colocó la copa sobre las brasas y vertió en ella unas gotas de un frasco que colgaba de su cintura.

Pronto retumbó un trueno distante y la habitación se oscureció como la noche. De repente, un ruido atravesó el espacio y encendió las brasas del trípode que ardían con llamas multicolores. Una columna de humo se elevó, luego cayó al suelo y se desplegó en una espiral como los anillos de una gran serpiente. La tormenta estalló. Los relámpagos y los truenos siguieron sin detenerse. La tierra tembló y pareció ponerse en movimiento. Por todos lados aparecieron criaturas extrañas y terribles; algunos tenían alas, con la cabeza de una esfinge y un pájaro; otros se arrastraban, con cabezas humanas, pero con expresión de animal astuto, cruelmente infernal.

Supramati se apoyó contra un pilar, mirando con curiosidad y terror esta tropa odiosa que se apretujaba alrededor del trípode, llenando el aire con gritos terribles.

De repente apareció una columna roja brumosa, que se abrió para revelar una figura humana. Toda la silueta y, más que todo, la cabeza, se dibujaba nítidamente sobre el fondo rojo sangre de la nube.

Un grito ahogado salió de los labios de Supramati cuando reconoció al extraño que venía hacia él. Una especie de cinta roja de fuego conectaba al "fallecido" Narayana al trípode sobre el que brillaba la misteriosa llama, y esta luego expandía un fuerte perfume.

- Me desconectado de los lazos que ya no tuve la fuerza para cargar - dijo la voz sonora de Narayana -. No le hice daño a nadie y encontré un hombre más digno que yo para trabajar con ustedes... y lo he elegido a él como mi heredero.

- ¡Querías libertad, la tendrás! Te arrepentirás de tu acto. Pero no nos corresponde a nosotros llorar y lamentarnos siervo infiel de la verdad - respondió el Gran Padre, levantando su espada.

Pronunció algunas palabras que Supramati no comprendió y la espada se bajó con la velocidad de un rayo sobre la cinta roja como la sangre que unía a Narayana al trípode. Un grito terrible sonó, acompañó el retumbar de la tormenta, la figura Narayana se dispersó en multitud de chispas. Una columna de humo y fuego se arremolinaba alrededor del trípode por un momento, y luego todo se apagó. La noche se disipó y los rayos de sol volvieron a inundar la habitación con su alegría.

Supramati creyó haber soñado esta horrible visión, aunque el trípode vacío y el fuego apagado le demostraron la realidad de lo sucedido. Se volvió, suspirando, y solo entonces vio a Nara entre otras mujeres, entre las que también estaba Laura. La mirada brillante de la joven pareció buscar entre la multitud la alta figura de Dakhir.

Al ver a su novia, que le pareció aun más hermosa, el corazón de Supramati latió con más fuerza. Quería acercarse a Nara cuando el Sumo Sacerdote lo llamó y le dijo amablemente:

- ¿Aceptaste la herencia de Narayana? ¿También consientes en convertirse en esposo y protector de su viuda?

- Sí. Ella representa para mí la parte más querida y sagrada de la herencia - respondió Supramati.

En el fondo de su alma estaba feliz con este compromiso, porque Nara realmente lo había hechizado.

- En ese caso, acérquese; ¡Yo los uniré!

Dos niños trajeron el trípode y colocaron un cojín morado bordado en oro frente al altar. En ese momento, dos mujeres se acercaron a Nara: una traía una corona de flores blancas. Supramati nunca había visto lo mismo; la otra un velo extraordinariamente ligero y transparente. Antes de decorar la cabeza de la novia, las mujeres unieron la mano de Nara con la de su futuro esposo. Nara y Supramati se arrodillaron sobre el cojín. Dos caballeros estaban junto a ambos, espadas en cuyas puntas brillaba una pequeña llama dorada sobre sus cabezas.

El Sumo Sacerdote tomó una bandeja del altar y allí quemó un líquido incoloro que desprendía un sutil y agradable perfume. Luego, el anciano colocó los anillos de boda en los dedos del joven prometido y, levantando a Nara, la llevó detrás del altar, a una capilla que estaba cubierta por una cortina tejida con hilo de plata.

Los dos regresaron unos momentos después. Nara parecía emocionada; con la cabeza gacha, volvió a ocupar su lugar en el cojín.

Entonces el Sumo Sacerdote se tocó la frente con una vara de marfil, diciendo:

- Suprimo el pasado. Para ti, Nara, solo el presente y el futuro existen de ahora en adelante. ¡Eres digna de una nueva vida! Sé fiel y cariñosa, a fin de que te hagas libre.

Después que Supramati y Nara bebieron del mismo vaso de vino, ambos se levantaron.

- ¡Seguí el mismo camino! Los lazos de fuego los unen y nada puede separarlos - pronunció el anciano.

Dos caballeros tomaron las manos de los recién casados y los llevaron de regreso a las puertas de la habitación. Los otros asistentes también se separaron.

- Ahora podemos disfrutar de nuestra mutua presencia hasta la cena - dijo Nara en su habitual tono alegre y burlón.

Supramati estaba demasiado feliz para notar esta intención.

- ¿Quieres venir a mi habitación? - Preguntó alegremente.

- ¿Por qué no? Llévame allí.

Cuando se encontraron en la habitación de Supramati, el joven abrazó a Nara, la besó y susurró:

- ¡No podía pensar que la felicidad me sonreiría tan rápido!

- ¿Es la felicidad heredar la herencia de un viudo y también poseer una mujer inmortal? - Observó Nara mordazmente, desenredándose del abrazo de Supramati.

- Considero esta herencia una verdadera felicidad; y me gustaría resolver el problema de nuestra residencia contigo ahora. Venecia no me parece favorable estos días.

- ¡Pero qué prisa, Supramati, olvidando lo que acordamos! El mundo solo nos conoce como gente común. La ceremonia de hoy no tiene sentido para los mortales. Hasta el día en el que mi dolor tenga fin, debemos ser extraños entre sí. Entonces celebraremos nuestro compromiso y nuestro matrimonio como todos los hombres. Por el momento en que viajas, visita las grandes capitales y diviértete.

- ¡Qué cruel eres, Nara, y justo cuando la ley de esta poderosa hermandad nos unió! No insisto y respeto tus deseos, pero nuestra separación será muy dolorosa para mí...

- Siempre olvidas que el elixir de la vida no te privará de ninguno de los instintos del hombre. Nuestra separación te parece dolorosa sólo porque aun no has vivido rico y acomodado en una gran ciudad, llena de tentaciones y habitada por una multitud de mujeres que viven en el desenfreno...

- Incluso tú olvidas que soy un hombre casado - Nara sonrió.

- Pero el matrimonio nunca ha sido un obstáculo ni para el marido ni para la mujer... sigues siendo ingenuo, Supramati, e inexperto... ¡Pero, paciencia! Verás por ti mismo en lo que te convertirás con tu llegada a París... Ve al palacio que te legó Narayana y el rumor se esparcirá por la capital: ¡el *nabab* ha llegado! Llegarán amigos de todas partes, esforzándose por arrastrarte al placer... Aun no has experimentado las alegrías de sentirte dueño de los bastidores del teatro, de organizar todo el entretenimiento que "esas mujeres" piden. ¿Y cuál es el entretenimiento más noble sino el de ayudar a los talentos que pululan en los teatros bohemios...?

Supramati escuchó con mudo asombro. Nara habló con un acento de aguda amargura y la llama oscura que brillaba en su mirada traicionó los sentimientos reprimidos que ahora brotaban de ella con fuerza y libertad. Narayana debería haberla ofendido profundamente

Esta mujer miente para inspirarle tal desprecio con respecto a los lazos sagrados que unen a dos seres.

Ahora entendía por qué Nara no había llorado por su marido cuando se enteró de su muerte.

Los sonidos de una campana llamando a la comida
de la tarde interrumpieron la conversación; ambos se
dirigieron al comedor donde los hermanos reunidos
celebraron la boda de Nara y Supramati.

Pasaron otros dos días como un sueño. Supramati
visitó el misterioso castillo cuya grandiosa orden despertó
su entusiasmo. Se estaba conectando con todos esos
hermanos. Y en estos entretenimientos con ellos, llenos de
interés, las horas pasaban volando como si fueran minutos.

Justo antes de irse, Nara tuvo una última
conversación con Supramati, aconsejándole que fuera
directamente a París; ella misma iría a Venecia. Le dio a
Supramati la dirección del palacio que Narayana poseía en
la capital francesa. Pero cuando sugirió mantener
correspondencia con ella, Nara se negó rotundamente.
Debería considerarse absolutamente libre. Después de
despedirse cariñosamente de Supramati, Nara se retiró; ya
no la vería.

Desde que cayó la noche, Supramati, Isaac
Laquedem y Dakhir han abordado el barco y pronto la isla
misteriosa se iba desvaneciendo en la niebla.

A la mañana siguiente, el judío errante había
desaparecido misteriosamente y el barco fantasma se dirigía
rápidamente a las costas francesas.

V

Eran aproximadamente las seis en punto cuando Supramati salió de su compartimento y marchó lentamente hacia una salida de la *gare* Saint-Lazare en París.

El príncipe pronto notó un ayuda de cámara vestido con la misma librea que los sirvientes de Narayana en Venecia; Supramati lo llamó. Y unos minutos después, una lujosa y rápida limusina lo llevó a su nuevo castillo.

Fue con una deliciosa sensación de bienestar privado y alegría que Supramati se apoyó en la suavidad de su coche.

"De hecho, no puedo entender cómo alguien puede cansarse de llevarse esta vida placentera, aunque duró mil años, cuando frui eternamente la salud y se regocija en el lujo. ¡Oh! Si fuera pobre, sufriera, estuviera desnudo, hambriento, siempre trabajando como una bestia de carga, ciertamente rechazaría tal perpetuidad de experiencia" - pensó Supramati.

Nunca había estado en París; tampoco tenía idea de dónde estaba su residencia; mirando a su alrededor con curiosidad, Supramati supuso que estaba en las afueras; muy rápidamente, el coche entró en una alameda de robles y entró en un parque sombreado que bordeaba una alta puerta de bronce. Entonces apareció un castillo de estilo Luis XIV y el coche se detuvo frente a las escaleras.

Todo el personal de la casa se alineó en la entrada para recibir a su amo. El mayordomo, un anciano, inmediatamente abrió a Supramati todo el hermoso piso reservado para recepciones; los apartamentos personales del príncipe estaban en el primer piso.

Precedido por el mayordomo y acompañado por su futuro ayuda de cámara, Supramati subió las escaleras, cubierto con una rica alfombra y decorado con plantas raras, para visitar sus apartamentos.

Todo el mobiliario correspondía al estilo del edificio: todo era de la época del Gran Rey, allí, mucho más que en Venecia, todo recordaba a Narayana. Éste debería haber vivido mucho más tiempo en París que en Italia. En el pasillo, todo vestido de seda blanca, el retrato de tamaño natural del difunto estaba incrustado en un marco de oro macizo. Un libro abierto había sido dejado sobre la mesa en la sala de trabajo. Cartas llenaron el escritorio, algunas ya abiertas, otras aun sin abrir. Supramati vio una hoja de papel cubierta con muchas líneas escritas; cerca, una pequeña pila de piezas de oro arrojadas descuidadamente.

El dormitorio también guardaba las numerosas huellas de la estancia de su último inquilino. La pirámide de libros y revistas se formó en la mesita de noche y se mezcló con varias bagatelas esparcidas en el sofá y el sillón, junto a la ventana. Este desorden demostró que los domésticos velaron atentamente para que su señor reencontrase todas las cosas, exactamente en la forma en que él las había dejado.

Después de haber honrado una magnífica cena, ordenó que le trajeran su ropa de cama; Supramati estaba ahora equipado con un guardarropa completo adquirido en el puerto donde había dejado el barco fantasma de Dakhir; despidió a sus ayuda de cámara y se quedó solo en su estudio donde ardía un buen fuego en la chimenea.

Al ver una puerta medio cerrada por una pesada cortina, Supramati la abrió y salió a un balcón cubierto de flores. Hacía frío, un viento otoñal silbaba, sacudiendo los árboles casi desnudos; caía una lluvia fina e intermitente. Pero Supramati recordó con profunda satisfacción que ya no tenía que temer al clima y se puso a examinar la finca.

A pesar de la noche que se extendía por el parque, aun podía ver un magnífico jardín, estatuas blancas entre los árboles y un tanque donde debe correr una fuente. Abajo, había una terraza mucho más grande que el balcón en el que estaba; estaba bordeado con una balaustrada desde la que una gran escalera de mármol blanco bajaba al parque. Otras partes de la casa que el príncipe aun no conocía debía estar frente a esta terraza.

- "En verdad soy un campesino que se ha convertido en el hijo del rey" - murmuró Supramati, volviendo a entrar en el dormitorio y estirándose en el sofá para fumar un puro.

Siguiendo distraídamente el creciente humo del cigarro, pensó en lo que haría en esta ciudad completamente extraña donde no conocía a nadie.

Naturalmente, al principio visitaría museos e iría al teatro. Supramati se permitió estas alegrías incluso en la época de su pobreza. La única dificultad ahora radicaba en la elección, en el orden dado para alquilar un palco y unirse a un grupo. En verdad, este diván muy agradable, con cojines de terciopelo verde bordados, era mucho mejor que un ataúd de pino o un ataúd solitario en un cementerio. Los poetas describen la muerte maravillosamente, pero su enfoque hace temblar incluso a los más valientes.

Al salir de su ensueño, vio una cómoda de madera rosa muy similar a la de Venecia contra la pared, y esto lo intrigó.

Cogió la llave que ya le había servido en Italia y trató de meterla en la cerradura. La llave entró en la abertura, giró fácilmente y la cómoda se abrió.

Feliz, el príncipe se vuelve a acercar a la mesa, depositó sobre ella un candelabro velas encendidas y emprendió el examen de los objetos allí escondidos.

Primero se le apareció a los ojos una pequeña caja de nácar[5] llena de piezas de oro y billetes de banco. Continuó examinando el tocador, sorprendido de ver mucha ropa interior femenina que nunca hubiera pensado que estaba allí. Todo un cajón con calcetines de seda, guantes, bufandas y pañuelos, un par de zapatillas de raso rojo y hasta dos corpiños6 negros, adornados con encajes de gran valor.

---

[5] Nácar: sustancia de color blanco brillante, con reflejos iridiscentes, que se encuentra en el interior de las conchas.

Otro cajón estaba lleno de perfumes artificiales, toda una colección de abanicos y una pequeña cómoda con perlas y diamantes.

- "Ya puedo jurar que mi predecesor fue un famoso derrochador - murmuró Supramati, sacudiendo la cabeza -. No me sorprende que Nara tenga una opinión tan desfavorable del matrimonio..."

Volvió a colocar los elementos que había sacado del armario, pero empujó una pequeña caja en la parte posterior de un cajón con demasiada fuerza y hubo un ligero clic; Supramati se inclinó con curiosidad y vio con asombro que el borde metálico de la caja había activado un resorte oculto, abriendo un compartimento secreto. El príncipe apartó una tabla y encontró un cilindro blanco.

Este pequeño volumen había estado envuelto en un apuro en una ropa íntima de cambray de encaje con flecos y al apretarlo se sentía un objeto largo y duro. Supramati sacó una lámpara, desató el envoltorio y palideció terriblemente.

El objeto en sus manos era una bata femenina con mangas anchas y abiertas. La altura del pecho, a través de un corte en forma de media luna, un agujero marcado por un gran té rojo oscuro mantenido. Toda la parte inferior de la bata y los cordones parecían manchados de sangre. Una pequeña daga oriental, con una hoja curva de acero de Damasco y un mango enjoyado, todavía colgaba pegada a la túnica, y la daga también tenía manchas oscuras. Aturdido, el joven médico miró a los mudos testigos de un crimen.

Pero, ¿quién había sido el asesino? Solo podía ser Narayana, el dueño de la cómoda...

¿Entonces él podía matar? ¿Cómo podría desaparecer esta mujer sin que nadie sospechara? ¿La habrían buscado? De todos modos, ¿quién fue la víctima?

Los muebles adquirieron un nuevo interés a los ojos del príncipe. Quizás en algún rincón secreto hubiera otros indicios... Impaciente, codicioso de conocimientos, Supramati revolvió en todo.

Sacó un trozo de papel arrugado y una cadena de oro que llevaba un medallón en el que el nombre de "Liliana" había sido escrito con diamantes. Las joyas todavía tenían el retrato de una mujer joven, cuya belleza era única. Ojos grandes, negros y aterciopelados con expresión de desprecio; una sonrisa apasionada en los labios entreabiertos. El pelo rubio corto enmarcaba una cabecita encantadora, lo que le daba un gran parecido con la famosa Hortencia de Mancini. El trozo de papel era un cartel: el asesino se había limpiado los dedos ensangrentados en la parte inferior, las marcas aun eran visibles.

Supramati desdobló el cartel y leyó: "En beneficio de la cantante, Miss Liliana"; el año anterior estaba escrito en la hoja.

Supramati no entendía por qué Narayana no había reprimido a testigos tan peligrosos de su crimen; el príncipe, angustiado, puso en su cajón secreto estos dolorosos recuerdos del sangriento y desconocido drama. Luego cerró con cuidado la cómoda y se acostó. Pero durante mucho tiempo no pudo dormir, pensando siempre en su extraño y terrible descubrimiento.

Morgan se levantó tarde. Había terminado su primera comida y estaba leyendo los periódicos cuando el criado le trajo una tarjeta de visita; Sorprendido, Supramati leyó - Vizconde Marcelo de Lormeil.

- Este señor ha venido a buscarlo en otras ocasiones, Alteza - explicó el criado.

- ¿Cuánto tiempo llevas aquí?

- Hace apenas una semana. Me han dicho que han sustituido a todo el antiguo personal, incluso al señor James. Ahora, a la espera del regreso de Su Alteza, la casa se reorganizó por completo y James, al irse, nombró al Sr. Jean Grenier como mayordomo.

Supramati reflexionó. El vizconde de Lormeil debe haber sido un amigo de Narayana que aun no sabía de su muerte. Quizás este vizconde podría hacerle una agradable compañía. Y gracias a él, Supramati tendría algunas conexiones en París, donde nadie lo conocía.

- Lleva al vizconde al salón y pídele que me espere - dijo el príncipe levantándose.

Se vistió rápidamente y luego se dirigió al pasillo; pero antes de entrar, miró detrás de la cortina.

El vizconde era un hombre de unos treinta años, vestido con exquisita elegancia, que se paseaba impaciente. Podría haber parecido guapo, pero la palidez enfermiza, las ojeras y las arrugas precoces que ahuecaban su rostro arrugado, envejecido antes de su edad, estropeaban sus rasgos bastante atractivos.

- "¡Oh! ¡Aquí hay un hombre que debe disfrutar de la vida al máximo!" - Pensó Supramati entrando en la sala.

Al escuchar el ruido de la puerta al abrirse, el vizconde, de pie frente a un retrato, se volvió rápidamente y exclamó feliz:

- Por fin has vuelto, Naraia...

Se quedó en silencio, viendo a un extraño frente a él y se disculpó algo confundido.

- Por favor, discúlpeme... Me habían dicho que el príncipe Narayana había regresado de su viaje... Soy uno de sus mejores amigos, así que puedo venir tan pronto.

- ¡El que se excusa soy yo, vizconde! - dijo Supramati, sonriendo y tendiéndole la mano -. Te dijeron la verdad: soy el príncipe Narayana Supramati, hermano menor y heredero de tu difunto amigo...

- ¡¿Narayana está muerto?! - Balbuceó el vizconde, palideciendo como una sábana -. ¡¿Es posible?!

- ¡Así es! Es la dolorosa verdad.

El vizconde parecía molesto; sus labios temblaron.

Después de un minuto de doloroso silencio, balbuceó perdido:

- ¡Pero es increíble...! Narayana era fuerte, vigoroso, lleno de vida... podía vivir cien años...

- ¡Incluso más! - Replicó Supramati, interiormente divertido por la respuesta así formulada -. Pero no fue una enfermedad lo que se llevó a mi desafortunado hermano... Un estúpido accidente durante una cacería en los Alpes. Se cayó y la caída fue fatal... solo vi su cuerpo congelado...

- ¡Qué desgracia! Estoy desesperado por perder a este amigo… siempre amable y servicial… un verdadero amigo, diciendo una sola palabra…

Apostaba a que este querido vizconde había estado esperando con impaciencia a Narayana y ahora estaba tan desesperado que necesitaba pedir dinero prestado, pensó Supramati con ironía.

Después de haber hecho que su invitado se sentara, Morgan dijo amablemente:

- Estoy muy conmovido por el interés que tiene en este duelo que me ha llegado… y espero, vizconde, que no se niegue a expresar la amistad que tenía por mi difunto hermano en mi consideración. Recientemente llegué a Europa… No conozco a nadie en París… y sería muy feliz si aceptara presentarme en sociedad, ser mi guía en esta ciudad…

Una grata sorpresa se expresó en la palidez del rostro del vizconde, y en su corazón revivió la esperanza que esta nueva amistad también fuera abundante, como había sido con el difunto Narayana.

- ¡Estoy a tu servicio, príncipe! Haz de mí como plazcas - respondió el vizconde.

- Disculpe, vizconde… Soy yo quien estoy a tus órdenes. Espero que tengas la bondad de elaborar un programa… gracias al cual podré orientarme por París… Me gustaría visitar las curiosidades de la capital y… divertirme.

El vizconde se levantó de un salto, electrizado.

- Tenga la seguridad, príncipe; me ocuparé de este asunto y espero satisfacerle plenamente. Por hoy, esto es lo que les propongo: Primero, pasemos por el Bosque de Bologna; allí verá el "mundo" y el "medio mundo." Luego cenaremos en mi casa, si me hace el honor de aceptar la invitación. Luego les presentaré a dos jóvenes que son excelentes amigos. Por la tarde, finalmente, nos dirigiremos al *Music-hall*. Después cenamos en un restaurante donde le presentaré a algunas mujeres de teatro, artistas, mis amigas también. Somos una aristocracia... es nuestro papel proteger los talentos...

- El programa está muy cargado, quizás con poca diversión... mi dolor aun está fresco - recordó Supramati -. ¡Pero no importa! El programa me seduce; lo acepto y lo agradezco.

- En ese caso, príncipe, permítame dejarle media hora. Quiero asegurarnos un palco.

- ¡Oh! no tenga este trabajo! Daré órdenes - respondió Supramati, presionando un botón del timbre eléctrico.

Una hora más tarde, Supramati se fue con el vizconde. El magnífico coche y el extranjero sentado al lado del vizconde Marcelo causaron cierta impresión en los visitantes habituales del Bosque de Bologna, especialmente en las damas del "mundo medio", que pronto ardieron con las ganas de conocer al recién llegado. El vizconde se apresuró a satisfacer la curiosidad de las espléndidas pecadoras. Con el pretexto de la humedad, disuadió a Supramati de dar un paseo; luego invitó a su compañero a que fuera a su casa.

El vizconde ocupaba un pequeño y elegante apartamento de soltero en el bulevar Haussmann; cómodo e incluso lujosamente amueblado.

El dueño de la casa y su huésped conversaban y fumaban puros cuando llegaron los amigos del vizconde; inmediatamente les presentó al Supramati: el barón Robert de Lomzak y el capitán Charles de Marny. Los dos habían conocido a Narayana y estaban atónitos al enterarse de su muerte y asombrados al ver a su heredero del que nunca habían oído hablar. Momentos después, mientras el vizconde mostraba a su nuevo amigo su colección de boquillas y pipas, el barón susurró al oído del capitán:

- Este maldito vizconde tuvo la oportunidad... ¡de repente se hizo cargo del heredero del otro imbécil...! Recuerda lo que voy a decir: gracias a esta nueva amistad él pagará todas sus deudas.

- ¡Muy probable...! Pero, en cambio, entre nuestras damas habrá una auténtica batalla... ¿quién será esta gordita que representa al *nabab*? - Preguntó el oficial en un susurro.

La cena fue suntuosa; los vinos más exquisitos se corrieron locos y Supramati supo aprovecharlos al máximo. Las conversaciones, cada vez más animadas a medida que se vaciaban las botellas, eran muy desagradables. El discurso más libre, las anécdotas obscenas y el cinismo desvergonzado con el que se abordan determinadas cuestiones, escandalizaron al médico, que aun no había tenido la ocasión de asistir a dicha sociedad. Estos hombres socavaron la reputación de mujeres cuyos nombres eran desconocidos para Supramati. Se burlaron de las familias

honestas que tenían demasiados hijos. El príncipe se
sorprendió y pronunció la menor cantidad de palabras.

Después de la cena, todos fueron al salón. Al ver
algunos álbumes de fotos sobre la mesa, Supramati los
examinó. De repente recordó el triste descubrimiento de la
noche; pronto quiso saber, en la medida de lo posible, los
detalles de este misterioso drama. Si la víctima - como todo
parecía indicar - hubiera sido actriz y si su fotografía estaba
en esos álbumes, Supramati podría conocer su biografía,
saber qué se pensaba de su desaparición; seguramente el
vizconde estaba al tanto de la crónica entre bastidores.

Miró en vano las fotografías de los álbumes una tras
otra, pero la que buscaba no adornó la colección de
celebridades del teatro. El dueño de la casa que lo estaba
mirando se acercó al joven y entregándole un álbum muy
grande le dijo entre risas:

- ¡Mira y elige, príncipe! Serás bienvenido en todas
partes con alegría. Aquí guardo especialmente todas las
glorias teatrales y las estrellas del mundo medio.
Ciertamente no encontrará la deslumbrante belleza allí,
pero entre estas damas hay algunas muy agradables y
entretenidas.

Supramati hojeó las páginas del álbum. Esta vez fue
fácil encontrar a la persona que le interesaba. Era solo su
cabeza, cabello rizado y sonrisa burlona; pero no llevaba su
traje ceremonial, estaba vestida de aguileña.

- Ésta me agrada - dijo Supramati, mostrándole el
retrato al vizconde.

Todos se inclinaron con curiosidad y el capitán exclamó:

- ¡Bah! ¡La bella Liliana! Esto es lo que significa simpatía por la sangre. Su difunto hermano estaba loco por esta mujer.

- ¡No tienes ninguna posibilidad, príncipe! Liliana es la única mujer que no puedes tener... te agrada mucho... a menos que no te cases con tu cuñada... pero... ¿no viste a la viuda de Narayana con ella en el funeral del marido? ¿O tal vez no sabes que estaba casado? - Observó el vizconde.

- Narayana había estado casado durante mucho tiempo; conozco a su esposa... ella es una seductora rubia que ni siquiera mira tiene sombra de presencia con el original de este retrato - Supramati respondió.

Lormeil y sus dos amigos intercambiaron miradas de asombro.

- ¡Oh! ¡Qué hombre tan falso! Nunca dijo una palabra sobre su matrimonio... ¡y llevó la vida de un célibe aquí! - dijo Lormeil, negando con la cabeza.

- Pero, ¿qué les hizo creer que mi hermano quería casarse con Liliana?

- La propia Liliana nos dijo que estaba comprometida con el príncipe y pronto se convertiría en su esposa. A continuación, un bello día ella desapareció sin despedirse de nadie, eso ya hace cerca de seis semanas, antes de la partida de Narayana y nosotros pensamos que, para evitar explicaciones inútiles, ellos habían partido para casarse en un rinconcito perdido por allí... En cualquier caso, un matrimonio con esta pequeña cantante de opereta, cuyo pasado fue... ruidoso... muy ruidoso... era un monstruoso matrimonio morganático para el príncipe. Para ser dicho que Narayana era muy celoso de un italiano que hizo la corte a Liliana. Más tarde este italiano fue encontrado muerto en su cama... Había rumores que Liliana lo había matado... pero presumo que bebió mucho, lo que provocó un ataque, acabó riendo el barón.

- ¡Oh! Siempre se pueden decir tonterías que no tienen ningún sentido... El príncipe a menudo vivía horas oscuras, durante las cuales se encerraba, volviéndose invisible, incluso para sus mejores amigos... La gente concluye al respecto que era hechicero, mahatma hindú, cualquier cosa de ese género de magia. Se dice también que él debía conocer los secretos de la fabricación de oro, la conservación de la eterna juventud... Si me pongo al corriente de todo lo que se dijo respecto a él, hablaría hasta mañana... pronto, dejémonos de tonterías y vamos a lo principal: Liliana te agrada y preveo que la poseerás... cómo Narayana no se casó con ella, volverá a estar entre nosotros y sin duda estará muy feliz de encontrar un protector, tan bonito y generoso como el antiguo...

Supramati no respondió, no dijo nada. Había escuchado distraídamente todo lo que fue dicho. Todo tu pensamiento se concentraba en el sombrío drama del que había descubierto rastros.

Narayana había matado a la bella actriz, ya no había ninguna duda. Pero, ¿fueron los celos el motivo del crimen? ¡Era poco probable! Finalmente, este italiano, su rival, ¿había muerto de un infarto o era víctima de un segundo asesinato?

Asombrado en su meditación, Supramati solo participó en la conversación general. El príncipe solo volvió en sí cuando el vizconde declaró que era tiempo para ir al teatro.

Supramati nunca había visto ni oído un *music-hall*. Enfermo, obligado a contener sus gastos, prefirió escuchar cualquier ópera seria o un hermoso concierto. El espectáculo al que iba a asistir fue entonces una novedad para él. Le divirtió la plena libertad de sus movimientos y, además, su autoestima se esfumó por el triunfo que le aguardaba...

En efecto, una multitud de binoculares se enfocaba en él; ojos brillantes y curiosos buscaron su palco, ya Supramati le divirtió en vano esta primera expresión pública de consideración por su persona. El modesto médico del manicomio nunca había atraído la atención general sobre sí mismo cuando iba al teatro. Ahora olvidaba que era un príncipe millonario y no sabía que, gracias al vizconde y barón, que tuvo numerosas relaciones de amistad entre los espectadores, el rumor se había extendido de la presencia del Príncipe Supramati, *nabab* indio y heredero del príncipe Narayana, demasiado conocido en el mundo de los placeres...

Al final de la presentación, todos se dirigieron a un restaurante de primer nivel; las pequeñas cabinas privadas ya habían sido reservadas con anticipación y una cena esperaba al personal que había asistido al teatro.

Supramati estaba de excelente humor. Escuchó que los actores y actrices habían sido invitados a cenar en su nombre, ¡sonrió!

- Son talentos de primer orden, semidioses del arte y nuestros amigos más cercanos - dijo el vizconde -. Espero, querido príncipe, que estés feliz de conocer gente famosa.

Los caballeros llegaron primero. El vizconde presentó a Horace Daniel, el artista dramático, y a Rafael Pinson, de la comedia francesa. El primero era un hombre de mediana edad con cabellera espesa, rico y artísticamente bien preparado. El otro hombre, alto y delgado, tenía gestos afeminados; su cara estaba pintada... El Sr. Pinson siempre jugó el papel principal, el joven amoroso, lo que hacía muy bien.

Ambos parecían encantados de conocer al *nabab*. El vizconde habló tan amablemente de sus amigos, que Supramati debió sentirse muy desvaído en apretar la mano de personajes tan considerados.

Daniel insinuó en la conversación que había llegado a conocer muy íntimamente al príncipe Narayana, un hombre extraordinariamente generoso y declarado protector de artistas y talentos.

Poco después llegaron las damas a quienes el vizconde parecía haber invitado únicamente para que su nuevo amigo pudiera tomar una decisión; llamó a Baretti de El Imperio; Pierrette del Alcazar; y Camille Moucheron. Todas eran hermosas y deseables. Una de ellas era del tipo judío; pero el vizconde le susurró al oído a Supramati que la maravillosa madre de Pierrette era turca y que no tenía ni una gota de sangre israelita.

Moucheron, que tenía diecinueve años, se mostró enseguida la más atrevida; su rostro tenía una tez deslumbrante que resaltaba la belleza de sus grandes ojos azules. Se sentó junto a Supramati y le hizo sentir, sin disimulo, que quería conquistarlo. Sus ojos se fijaron en el príncipe con pasión; luego se puso furiosa, amenazando a sus rivales, pareciendo decir:

- Atrévanse a quitármelo y verán de lo que soy capaz.

El vizconde notó que las nubes oscuras comenzaban a oscurecer el horizonte y tomó medidas para evitar que la hostilidad se convirtiera en batalla. El champán no dejó de correr en olas... Excitado por las conversaciones de sus amigos y los fuegos cruzados de su deseo de sobresalir, Supramati, siempre tan sobrio y dueño de sí mismo, se estaba emborrachando, prometiendo a las heroínas del medio mundo hacerles la corte y se divertía con su rivalidad. Ya estaba bastante alcoholizado cuando le ofreció a Pierrette la palma de la victoria, llevándola a casa en su propio coche, a pesar de la furia de Moucheron.

Era inútil decir que la hermosa pecadora no dejaría salir al príncipe; cenaron una vez más, esta vez solos. Y por primera vez en su vida, Supramati se abandonó a los placeres del amor.

A la mañana siguiente, gracias a las cualidades mágicas del elixir de la larga vida, Supramati se sentía bien dispuesto y renovado, como si hubiese tenido una noche de excelente reposo.

Su espíritu se desalcoholizó y también su cuerpo; pero una oleada de vergüenza coloreó su rostro; es que recordaba lo que le había dicho Nara sobre las debilidades del hombre. Y ella, hacía bien en despreciarlo sin conocerlo... Un solo día en París y tuvo la infidelidad comprometida... y una de las más indigna porque ella no fue causada por el corazón. Él había actuado sobre los efectos del alcohol. Su placer no fue sino mediocre, porque la orgía organizada en su honor halagó su amor propio, excitando todo su ser sensible, una vez tan disciplinado.

Así que la sensación de vergüenza que probó rápidamente se transformó en despecho contra Nara. Si ella no hubiera pospuesto su unión definitiva con él por un año, podrían vivir modesta y honestamente en Venecia o en cualquier otro lugar, y no sería necesario andar por los restaurantes en compañía de mujeres perdidas. Nara no lo había querido; él debía matar el tiempo de una manera u otra... ¿Y no era su deber proteger los "talentos" como había hecho Narayana?

Ciertamente, aun no podía estimar el valor de aquellos a quienes había conocido el día anterior. Los hombres manifestaron un gran cinismo; en cuanto a las actrices, nunca había tenido ocasión de entretenerse con mujeres similares.

- "¡Oh! Estas mujeres del medio mundo son brujas - le había dicho el vizconde el día anterior -. Pero son codiciosas... Con todo el dinero que exigen, sería posible mantener tres familias legítimas… y queriendo satisfacer sus gustos, los hombres son arriesgan a la ruina."

Al recordar esta frase, una sonrisa asomó a los labios de Supramati; no se arriesgaría ni a la ruina material ni al agotamiento físico. Pero lo disfrutaría moderadamente.

El vizconde llegó al mediodía, con un programa excepcionalmente variado, pero Supramati le dijo que quería visitar la catedral de Notre Dame y el museo del Louvre; sin embargo, accedió a ir al Alcázar por la noche.

- ¿Entonces vas a cenar con Pierrette? - Preguntó el vizconde, dándole una mirada significativa.

- ¡Oh! no. Gozar todos los días de la compañía de la Srta. Pierrette sería aburrido…

- ¡Entiendo! ¿Todavía te sientes cansado de la amanecida de anoche? ¿O tal vez te hayas arrepentido por no haberte ido con Moucheron? La pobrecita hizo todo lo posible para agradarte - observó Lormeil. Pero es fácil arreglar eso. Pronto le encontrarás el gusto, querido amigo, a esta vida alegre, llena de impresiones siempre nuevas. Considero que llevaste durante tus largos viajes, príncipe, una existencia muy ascética; te dedicaste mucho tiempo a la ciencia y no lo suficiente a la vida real. Es necesario corregir este error y la mejor escuela, desde este punto de vista, es la compañía de los artistas y los pecadores del amor libre. Estas mujeres saben vivir. Su gusto refinado pone un toque especial de elegancia en todo lo que las rodea. Sé que las mujeres casadas honestas desprecian estos hechizos peligrosos; en otra forma, mujeres de visión estrecha, para quienes el mundo se reduce a las tareas del hogar y al cuidado de los niños. El hombre se destruye a sí mismo en ese medio...

- ¿Estás casado para tener una visión tan poco halagadora de la vida matrimonial? – Preguntó Supramati con una sonrisa.

El rostro del vizconde se ensombreció:

- Bueno, Príncipe, lo has adivinado... Me casé con una pequeña estudiante de internado, muy inocente, que soñaba con el idilio eterno y me hacía exigencias irrazonables. ¡Si recibía una nota de amor de una mujer con la que había coqueteado, aunque fuera bastante inocentemente, mi esposa se desmayaba, hablaba ruidosamente de mis "crímenes" en cualquier lugar y me exigía que me contentara con su compañía...! ¡Ridículo...! Y sin embargo ella no tenía gusto, no tiene "chic." Hago un esfuerzo infructuoso para hacerle sentir una sensación de verdadera elegancia... La he mostrado en teatros, *toilettes* y peinados... pero, ¡señor! cuando, como resultado, comparé la imitación con el original, solo pude estallar en carcajadas. Le falta a mi esposa un "no sé qué" que no se puede coger, que no se puede tocar, que solo los artistas tienen... Y ella pronto detestó el teatro y despreciaba a los artistas le había indicado como modelos y contra los cuales ella no podía luchar, por falta de concepciones íntimas...

- Sin embargo, ¿me vas a presentar, espero, a la vizcondesa? ¿Estuvo ausente ayer? - Interrogó Supramati.

- Mi esposa no está en París; unos meses después del nacimiento de nuestra hija, huyó a Normandía, a los parientes que la criaron. Su tío, fallecido el año pasado, era un idiota que pensaba como la gente de la época de Noé… Su tía también tiene esa misma forma de pensar, vive como una lechuza en su castillo, siempre llena de sacerdotes. Mi esposa está complacida en este ambiente; así que no le deseo que vuelva, ya que es imposible vivir con ella. Gracias a Dios, llevo tres años viviendo una vida célibe, despreocupada y alegre, lo que me permite satisfacer mi pasión por la música y el teatro… Pero dejemos este tema triste - agregó, tomando a Supramati del brazo -. Si Su Alteza lo desea, puedo ofrecer mi ayuda para comprarle una bagatela a Pierrette.

- No pensé en evitar esta "necesidad"; estaría profundamente reconocido si pudiera recomendarme un buen joyero - respondió el príncipe, sonrojándose levemente.

- En ese caso, me tomo esta compra. Te llevaré a un joyero donde, por precios modestos, podrás comprar cosas bonitas.

El vizconde mostró un celo extraordinario y, en primer lugar, se trasladó con el príncipe a una joyería.

Su consejo fue tan excelente que la bagatela se convirtió en un brillante adorno de cien mil francos; por otro lado, Supramati compró a cada una de sus otras actrices una pulsera cuyo precio fue de cinco mil francos; serían recuerdos de anoche, la vigilia juntos. Felices con la compra realizada, los dos amigos fueron a visitar la Catedral de Notre Dame.

Supramati no sabía que el vizconde ganaba el diez por ciento de comisión y esperaba incrementar esta excelente fuente de ingresos en el futuro.

El príncipe regresó a casa temprano. Con el pretexto de escribir algunas cartas comerciales, declinó la oferta de cenar con Pierrette, quien se mostró encantada con el obsequio que acababa de recibir. De hecho, Supramati estaba esperando a su notario al día siguiente; quería estudiar de inmediato ciertos documentos que había encontrado en el escritorio de Narayana.

Después de haber estudiado y dispuesto los papeles necesarios, Supramati fue a su estudio y se tumbó en el bajo y suave diván, ahora su lugar de descanso favorito. Le hubiera gustado empezar a leer una nueva novela, pero en las primeras páginas tiró el libro y se quedó dormido.

Su sueño era ligero cuando se despertó con un grito ahogado que se escuchó en el dormitorio. Supramati se estremeció vívidamente. Se enderezó en el sofá, sintiendo claramente el ruido de las sillas volcadas y luego la caída de un cuerpo pesado.

Saltó de su sofá y corrió al dormitorio; pero todo estaba quieto, silencioso, y la luz de la lámpara dejaba ver el orden que reinaba en toda la pieza. Así que no había ninguna duda: el ruido sospechoso venía de allí, del dormitorio. El príncipe examinó cuidadosamente todos los muebles y al no encontrar nada que pudiera explicar el fenómeno, se calmó; puede ser víctima de una alucinación auditiva y se acostó.

No había pasado ni un cuarto de hora, cuando una sensación vaga, desagradable, lo despertó de repente. Un viento glacial sopló en su rostro y algo lo arrastró al interior de la habitación. Sacudiendo su somnolencia, se sentó con la espalda recta en la cama, su corazón latía violentamente.

Apoyado en el tocador, una mujer estaba de pie, vestida con una enagua y un corpiño. Tenía una mano a lo largo del costado y, a través de sus dedos, Supramati pudo ver correr un estrecho hilo de sangre.

- ¿Quién eres tú? ¿Qué es lo qué quieres? - Supramati preguntó en un tono imperativo.

Al sonido de su voz, la mujer se dio la vuelta y el príncipe vio su rostro pálido, sus labios azulados y fruncidos, y sus ojos muy abiertos mirándolo horriblemente. Un minuto después la mujer se había desvanecido, desapareciendo, detrás del tocador.

Pero Supramati había tenido tiempo de reconocerla. A pesar de la horrible visión de ese rostro de muerte y la mirada salvaje, encontró un cierto parecido: su visitante nocturna había sido la bella Liliana, la víctima de Narayana.

El príncipe logró, con mano temblorosa, encender el interruptor de la luz, y la claridad fue completa en la habitación. Pero la emoción había sido muy fuerte y solo pudo dormir al amanecer. La impresión que produjo esa visión duró muchos días; todavía dos veces, hacia la medianoche, apareció la imagen del crimen invisible: el grito ahogado, el latido de la agonía, la caída de un cuerpo, el ruido de un mueble al caer, y luego un silencio de muerte.

El dormitorio inspiraba terror en Supramati. Pero, avergonzado de su miedo, y por temor a parecer ridículo frente a los servidores, para dejar que la lujosa pieza para ninguna razón, se decidió a no cambiar su dormitorio. Y para evitar la hora fatal de evocar el crimen, el príncipe se fue muy tarde, regresando al amanecer y dejando que el vizconde lo condujera de un lugar de placer a otro.

VI

Ha transcurrido una semana desde la primera visión nocturna. Supramati bajó al parque una mañana y dio un buen paseo, en ese octubre de aire fresco y agradable, que bebió con placer. El príncipe estaba visitando su propiedad por primera vez en detalle.

A ambos lados de la casa y frente a la fachada, el jardín ocupaba un espacio muy grande, pero detrás del castillo se estrechaba. Una pared muy alta ocupó el lugar de la barandilla. En ese corredor verde crecían espesos arbustos. Asombrado por este cambio de escenario, Supramati caminó hacia la pared, preguntándose si las dos mitades del parque se comunicaban con la parte trasera del castillo. Notó que no; la pared giró bruscamente, convirtiéndose en la continuación de la casa.

Supramati levantó mecánicamente la cabeza. Entonces notó dos ventanas casi completamente cubiertas de verde, cuyas contraventanas estaban cerradas. Bueno, el príncipe nunca había visto esa habitación lúgubre, dando sus ventanas a la pared... Al principio no podía orientarse, ¿dónde podría encontrar esa habitación que le era desconocida? Después de una larga reflexión, pensó que debería estar junto a su dormitorio, aunque no había puerta en la pared.

Supramati comenzó a suponer que ahora había descubierto un rincón íntimo y apartado, donde Narayana estaba meditando; es por eso que tendría como plantar castañas allí, para no ver una pared desnuda ante sus ojos.

Muy interesado, Supramati volvió a entrar y comenzó a examinar de cerca la cámara de dormir. El recuerdo de esa víctima nocturna le hizo pensar que Narayana había escondido el cadáver en esta pieza secreta. La entrada debe estar detrás de la cómoda con cajones pequeños. Pero a pesar de todos sus esfuerzos, no encontró nada.

No por la tarde, podía cabecear, se sentía demasiado inquieto para leer; las ventanas de la misteriosa habitación ya estaban atormentando su espíritu; tiró la revista que estaba hojeando y se acurrucó en las almohadas del sofá.

La luz de la lámpara destellaba dulcemente sobre el oro descolorido de las pinturas murales. Pero de repente, la mirada distrajo al príncipe y se detuvo en un lugar más brillante, el centro de una gran flor. Mecánicamente levantó la mano y se estremeció al sentir un pequeño bulto metálico bajo sus dedos.

Saltó apresuradamente y apretó el botón, seguro que habría alguna maleta secreta. No se equivocó; el botón cedió bajo la presión y un paño de la pared, escondido debajo de los forros de la tapicería para pasar desapercibido, giraba silenciosamente sobre bisagras invisibles. Entonces apareció una apertura oscura que no se podía ver nada.

"Es la pieza misteriosa cuyas ventanas conozco" -
pensó el príncipe, rápidamente poniéndose las pantuflas y
echándose una bata sobre los hombros.

Estaba extremadamente ansioso por ver la
habitación secreta y lo que a Narayana le interesaba
esconder. Sabía, gracias a Nara, que el palacio, todo,
perteneciente a su difunto esposo, desde el siglo del Gran
Rey Luis XIV, había sido decorado al gusto y necesidades
de Narayana que lo compró durante la infancia del rey.

Supramati tomó una linterna y cruzó el umbral de la
habitación; la entrada estaba cerrada con una gruesa
cortina.

Se encontró en una habitación de tamaño mediano,
amueblada con el mejor estilo rococó. La tela que cubría las
paredes era de un azul seda, sembrada de guirnaldas de
flores y cupidos pequeños. En el suelo, un tapiz d'aubusson
cuyo fondo blanco estaba decorado con rosas.

En frente de la entrada, entre las ventanas, el
príncipe notó una pequeña mesa de trabajo
maravillosamente hecha a mano en oro y nácar. Cerca de
ella, en la pared, un retrato de Narayana, vestido con un
suntuoso traje de la época de Luis XIV: jubón, camisa con
chorrera de encaje, cabello empolvado, mano apoyada en la
empuñadura dorada de una fina espada. Debajo del encaje
de un ancho puño de camisa, relucía, como una gota de
sangre, el misterioso anillo de la Cofradía del Grial.

Narayana estaba resplandeciente en belleza y un
brillo demoníaco salió como chispas de sus ojos negros.

Supramati admiró momentáneamente las características clásicas de su predecesor. Luego, exhaló un profundo suspiro, se volvió y miró a su alrededor. La habitación estaba realmente en desorden, la silla volcada, una caja abierta sobre la alfombra; sobre el escritorio, varios papeles lanzados al azar.

Encendiendo velas de un candelabro, se dirigió a la habitación contigua, mucho más pequeña que la primera; era una habitación de mujeres - un *boudoir* - con la decoración que siempre se encuentra allí, forrada con magníficos encajes. Había un espejo enmarcado en oro esmaltado; las paredes y los muebles estaban cubiertos de raso blanco bordado en oro. Paños de la misma tela rodeaban la cama, que estaba colocada sobre una plataforma cubierta con alfombra.

La cama estaba deshecha, las mantas tiradas al azar, una de las cuales estaba arrugada, tirada al suelo y manchada de sangre. Una puerta entreabierta estaba a los pies de la cama y conducía a una pequeña entrada con escalones alfombrados; lámparas, ahora apagadas, iluminarían estos escalones. Abajo, había una puerta con una llave en la cerradura; la abrió y miró a su alrededor. Un estrecho callejón sin salida se extendía ante él, bordeado por paredes a ambos lados. El príncipe no continuó su examen, regresando al *boudoir*.

Después de varias comprobaciones, finalmente levantó una cortina en la cabecera de la cama y apareció una puerta; no había llave. Supramati intentó abrirlo, luego intentó romperlo, pero falló; luego buscó algún instrumento para forzar la cerradura; no encontró nada en le *boudoir*;

regresó al pasillo y vio un cuchillo largo y sólido sobre la mesa. No pudo encontrar una explicación para la presencia de la lámina en la habitación, pero no lo pensó detenidamente sobre este hallazgo, porque tenía prisa por abrir la puerta secreta; sintió que había un rastro de nuevas pruebas del crimen allí.

La cerradura cedió con cierto esfuerzo y la puerta se abrió. Una ráfaga de aire frío, saturado de un perfume asfixiante, lo golpeó en el rostro con tanta violencia que estuvo a punto de desmayarse. Se retiró precipitadamente.

Esta impresión pronto se disipó. Supramati levantó la luz que llevaba, dio un paso adelante y se quedó paralizado, incapaz de moverse, mirando con asombro una urna larga que parecía el ataúd de un cadáver, pues estaba completamente cubierto con tela negra; en el interior, una espesa guirnalda de flores, tan frescas como si acabaran de ser recogidas.

En los extremos del ataúd, cuatro candelabros a la antigua, donde los cerros aun ardían con una tenue luminosidad azulada.

Aclarada por la luz vacilante de las velas, esta habitación mortuoria tenía un aspecto siniestro, y un temblor de miedo supersticioso se apoderó del príncipe, cuando miró a su alrededor.

Al final de la habitación, notó una bañera y justo al lado una escalera de mármol donde había una tela blanca manchada de sangre y una palangana con esponjas.

Supramati luchó con el terror que lo invadió por un momento, luego se acercó resueltamente al ataúd.

Necesitaba saber qué había dentro, y nadie lo interceptaría mañana para revelar el drama a las autoridades judiciales.

Examinó la tela negra en la que se veían signos cabalísticos bordados en plata. Quería quitárselos, le temblaba la mano, y de repente la tela resbaló, como si estuviera sobre una superficie bien pulida, y cayó al suelo.

Dio un paso atrás, soltó un grito ahogado y dejó caer la linterna. Un féretro de cristal estaba en desuso: adentro, sobre un colchón de seda blanca, yacía una mujer, vestida con una suntuosa túnica blanca; su cabeza descansaba sobre una almohada adornada con encaje.

El príncipe finalmente vio el original del retrato: la hermosa Liliana. Pero ella no era tan terrible y desfigurada como en visión nocturna. A pesar de su blancura de alabastro, el cuerpo no se sentía como un cadáver; parecía una mujer joven flexible, como una persona durmiendo. La pequeña boca entreabierta mostraba el rastro de su sufrimiento; pestañas largas y negras eran sombras en su rostro transparente; una mano descansaba pasivamente sobre su pecho. Sin heridas; la herida estaba escondida debajo de los pliegues de la ropa; de las caderas a los pies el cuerpo se había cubierto de rosas, violetas, lirios y otras flores fragantes, hermosas y frescas, como si todavía estuvieran en el jardín.

Bajo el hechizo de un encantamiento, Supramati admiró a la magnífica criatura y se inclinó para examinar mejor a Liliana; luego vio que estaba sumergida en un baño de líquido incoloro que llenaba por completo el ataúd de cristal.

¿Qué era ese líquido que conservaba no solo el cuerpo humano, sino también las flores, con todo su color, su vida? Misterio, un misterio similar al que había llevado a Narayana a guardar allí el cuerpo de la mujer que asesinó y a la que no pudo sobrevivir.

Pensativo, emotivo, Supramati se dirigió a una silla para elegir un objeto que acababa de notar: había pisado algo duro y se había agachado para ver qué era; reconoció un frasco similar al que tenía, que contenía el elixir de la vida. Luego adivinó el drama que había tenido lugar en esa habitación.

Después de herir de muerte a la joven, Narayana quiso salvarla gracias a la esencia de la vida. Pero, ¿por qué no lo hizo? ¿La ayuda llegó demasiado tarde o Narayana aun no conocía todas las virtudes del misterioso licor y las formas de utilizarlo, como en el presente caso?

El desorden extremo de esa obra demostró que Narayana había actuado de manera precipitada, al no haber podido enderezar todo y destruir las huellas del crimen. Al cruzar el *boudoir*, Supramati vio en una silla junto a la cama un camisón blanco manchado de sangre. Este debería haber sido el primer lugar donde Narayana llevó a la víctima después del crimen.

Supramati, preocupado, se sentó a su escritorio y miró el retrato de su predecesor, preguntándose cómo un ser iniciado en todos los secretos extraordinarios pudo haber sido arrastrado por la pasión, a la locura de cometer semejante crimen.

Luego consideró los papeles revueltos sobre la mesa.

Encontró una gran funda de cuaderno, como la que vio en Venecia, donde había escrito sobre la ciencia oculta. Todavía había sobre la mesa un montón de cartas corrientes, facturas de proveedores, hojas de papel en blanco y sobres. Una página a medio escribir llamó la atención del príncipe, una mancha de tinta manchaba el fondo; el tintero debió estar volcado porque otra mancha oscura tiñó el azul de la pequeña alfombra.

Supramati miró distraídamente las primeras líneas del escrito y pronto se interesó en leerlo: era un borrador de una carta de Narayana.

"Maestro:

Maté, lo que prueba que, a pesar de la inagotable fuerza de la vida que corre por mis venas, sigo siendo un despreciable esclavo de la carne, como todos los demás. ¡Conocí la cólera! ¿Cómo se atreve esta mujer a preferir a otro?! ¡Y no soy el primero! Además, ¿no he hecho todo lo posible por hacerla feliz? Con el tiempo ella habría envejecido, él habría muerto y todos los lazos que nos unían se habrían roto por sí mismos. Pero no lo pensé... Liliana, para nada. Nara, inmortal como yo... tendremos tiempo para amarnos, Nara y yo.

Quería salvar a Liliana y corrí a buscar el vial, pero cuando llegué ya estaba inerte. Ahora, en la quietud de la muerte, parece viva, aunque ningún medio puede sacarla de ese estado. El cuerpo permanece flexible y firme; pero no tiene el frío gélido de la muerte, pero tampoco da señales de vida.

¿Qué debo hacer, Maestro, antes que venga a mi ayuda y explicar este misterio para mí? Experimento una inquietud horrible. Me ensucié las manos con la sangre impura de esta mujer. Antes de su llegada, Maestro, usé los medios para mantener las flores conteniendo toda su savia de vida, ¡y no se desmoronan! Ya me serví de este medio un par de veces, que regalé a alguien con estas flores y me consideraron un mago.

Así que también sumergí a Liliana en esta sustancia, viva o muerta, no lo sé. ¿Dónde el aliento de vida para que yo lo perciba?

¡Poderoso Maestro! tendrás que decírmelo, o de lo contrario... "[6]

La carta terminaba con esas palabras. ¿Narayana habría escrito otra? ¿Qué imprevisto le habría impedido terminar la misiva...? Narayana se fue enseguida, para no volver nunca más y todas estas preguntas quedaron sin respuesta.

"¡Señor! ¡Pero en qué laberinto misterioso estoy!" - Murmuró Supramati, colocando la carta en su habitación.

Apagó las velas de su candelabro, volvió a su habitación y cerró con cuidado la cortina de la pared. Pero no podía dormir en este siniestro vecindario; fue a su oficina y se acostó en el sofá.

Los pensamientos se arremolinaron en su cerebro. Primero recordó su deseo de advertir a las autoridades policiales. Pero, ¿con qué derecho lo haría?

---

[6] La mente afligida escribe la nota aparentemente sin sentido.

La esencia misteriosa de la vida jugó un papel en ese crimen. ¿No sería transgredir las reglas de la cofradía, siendo uno de los miembros, informar al profano de esta pequeña parte del peligroso secreto? Después de los cambios reflexión, se decidió a callar hasta el día en el que este problema podría ser aclarada por un miembro competente tratar la Hermandad.

Los siguientes días los pasó en diversiones ordenadas por el vizconde. Pierrette cuidó al príncipe todo lo que pudo, utilizando todos los artificios de la coquetería para conquistarlo de una vez por todas.

Una noche, el vizconde y su amigo Supramati y Pierrette terminaban felices su día en un restaurante de moda. Pierrette ya es considerada la principal amante del joven *nabab*, volviéndose cada vez más exigente y tramposa. Al final de la cena, con una gran cantidad de champán subiendo a su cabeza, su imprudencia superó los límites. Cantó una cancioncita licenciosa que el vizconde aplaudió furiosamente; luego, sin darse cuenta que el príncipe no mostraba ningún entusiasmo, Pierrette exigió un nuevo regalo. Por último, se quejó que él era el tiempo para que él le compre una mansión tanto, y por la mañana se había visto un anuncio para la venta de una casa en una reducción de precios en el periódico.

- ¿Qué son quinientos o seiscientos mil francos para ti? Para mi es una fortuna. Tienes que asegurar mi futuro - dijo acariciando la mejilla del príncipe.

Una enigmática sonrisa cruzó su rostro.

- Tienes razón, hay que asegurar tu futuro y yo me estoy ocupando de eso, solo que, en lugar de comprar una mansión, deposité una suma en un banco. Los ingresos de esa suma constituyen una buena pensión... esa cantidad te será reembolsada cuando cumplas cuarenta y cinco años. Cuando seas mayor y tus adoradores se hayan ido, necesitarás un lugar para descansar, retirarte y recordar tu juventud.

Pierrette palideció terriblemente y su mirada no podía dejar al príncipe.

- ¡Te estás divirtiendo conmigo, sin duda! – Dijo ella indecisa.

- De ninguna manera. Joven y bonita, no te faltarán hombres para quererte y apoyarte... pero cuando envejezcas, si nadie más te quiere, necesitarás la pensión que te dejo.

La palidez de la actriz cambió abruptamente a un rojo que le quemó el rostro, y con mirada ardiente, se puso de pie frente a Supramati, puños en las caderas, gritando:

- ¡Sepa, señor salvaje, que es muy insolente! No te pedí que aseguraras mi vejez. ¿Quién sabe si llegaré a la vejez? ¡No te amo más por esta herida, avaro! ¡Caníbal hindú!

Su voz temblaba de ira.

El vizconde y su amigo se reían. Supramati estaba muy tranquilo. Con amable sonrisa, tomó de la billetera una hoja de papel doblada y la extendió a los jóvenes.

- ¡No seas ingrata, cariño! Llegará el día en que este dinero te será útil, ¡incluso muy útil! Toma y oculta este

documento y recuerda, en el futuro, el lugar donde puedas
recogerlo y vivir una vida honesta y pacífica.

Pierrette estaba fuera de sí, no podía controlarse; ella
estaba petrificada.

Después de un minuto de espera, Supramati volvió
a abrir su cartera y ya se disponía a volver a poner el
documento allí, cuando, de repente, la actriz, como una
pantera, se lanzó sobre él, él tomó el papel y lo ocultó en el
corpiño.

- ¡Avaro! ¡Tres veces avaro! - Declaró con desprecio.
El difunto Narayana era un caballero, nunca se habría
sumergido en estos pensamientos. Cubrió a las mujeres que
amaba con oro y diamantes, de quienes bebió juventud y
belleza. Y no gritaría como un religioso trapense "¡Estoy a
salvo de la muerte...!" Jamás evocaría ante ellos el espantoso
espectro del fin.

- Pero, querida, Pierrette, no te impido que me
abandones por un adorador más caballeroso y generoso -
remarcó con calma Supramati.

Delgada y graciosa, la felina Pierrette se arrojó a su
cuello y le besó la mejilla.

- ¡Monstruo! Si no te amara, te habría mostrado la
puerta. En cuanto a la ofensa que me hiciste, el amor
verdadero apoya y perdona todo...

Y la paz se concluyó antes de la risa homérica de
todos los presentes: Pierrette ganó la partida.

VII

Supramati regresó a casa muy tarde. Ya era su costumbre. La cercanía con un cadáver lo había obligado a salir del dormitorio. A pesar de su determinación de afrontar todas las alegrías de la vida y vaciar el vaso de las delicias, el príncipe no se complacía mucho en estos placeres y se preguntaba, con asombro, ¿cómo Narayana pudo haber vivido durante meses en tal ambiente y aburrirse tanto al punto de cometer un crimen de muerte? El asesinato de Liliana siguió siendo para Supramati un misterio indescifrable.

Esa noche, el príncipe resintió de manera más visible las dolorosas impresiones. Era insoportable recordar a Pierrette, y de pronto sintió que su espíritu necesitaba calma, silencio y soledad, para concentrarse, para reflexionar libremente sobre los grandes problemas que tenía que resolver, estudiando finalmente los dos cuadernos que le dejó Narayana.

¡Debería irse, dejar París al día siguiente! La idea de la decepción de todas estas criaturas que vivían de su fortuna, incluido el vizconde, le divertía.

Llamó al sirviente y le dio la orden de traer su pequeña maleta y empacar allí los artículos esenciales.

Quería salir de París en el tren de las seis, solo, sin la
compañía de ningún doméstico curioso o malévolo.

Supramati quería convertirse en el viajero
desapercibido, independiente y libre que había sido.

Supramati declaró al mayordomo que se iría por dos
semanas, solo, y le pidió que lo llevara a la estación.

Y fue con una sensación de inexpresable bienestar
que ocupó su lugar en un reservado compartimento de
primera clase. ¡Alabado sea Dios! El vizconde ya no era
importante con su inepto programa; ya no volvería a ver los
rostros pálidos y cansados de los parásitos que lo chupaban
como sanguijuelas.

La pregunta ahora tenía que resolverse: ¿ir a dónde?
La elección fue amplia, más de cincuenta propiedades
estaban bajo el nombre de Narayana, pueblos y castillos que
poseía en todos los rincones del mundo.

Supramati desdobló la hoja y leyó todos los
nombres, entusiasmado por el orden metódico de la
enumeración, la fecha de adquisición, el capital
representado, el monto de la ganancia esperada y el año de
la última visita de Narayana, todo esto siguiendo el nombre
de cada propiedad. Una nota especial decía dónde se había
escondido el inventario y dónde se almacenaba el lugar con
oro y piedras preciosas en caso que no hubiera dinero en un
banco.

- "Verdaderamente Narayana había sido un
administrador notable. Gastó grandes sumas, pero no le
gustaba que le robaran" - pensó Supramati sonriendo -.
Debo seguir su ejemplo, ya que su previsión es digna de

imitar, mostrando cuánto ha superado las dificultades financieras. Yo debo visitar, ya que muchos de mis propiedades como sea posible mientras que todavía estoy libre. Pero, ¿por dónde empezar? La elección fue difícil...

Supramati relee la lista de propiedades europeas.

Le llamó la atención el nombre de un antiguo castillo construido a orillas del Rin. Decidió ir allí.

- "Debería ser interesante - pensó - como muchos de estos viejos nidos feudales, encaramados en lo alto de las rocas, como un halcón que custodia el pasado perdido y las leyendas lo cercan de un halo poético.

El castillo ha pertenecido a Narayana durante tres siglos, lo que es una garantía suficiente que no se han realizado mejoras modernas allí. Y ahí es donde voy."

En Colonia, el príncipe tomó un barco para continuar el viaje. Era necesario bajarse en un lugar poco frecuente donde el vapor no paraba, excepto para atender a un pasajero.

Supramati se encontró cerca de un pueblo cuyas graciosas casitas se veían a través del follaje amarillo de los árboles, que ya empezaban a despojarse. Más lejos, sobre una escarpada roca que parecía inaccesible, había un castillo de gruesos torreones, rodeado por un muro almenado con puente levadizo.

En el pueblo de Supramati preguntó si alguien podía llevarlo al castillo con su maleta. Un viejo campesino que estaba reparando un barril consintió en llevarlo.

Era una hermosa mañana de noviembre cuando el aire fresco, puro y fragante puso al príncipe de buen humor;

el camino era estrecho y empinado, y ascendía lentamente hacia el castillo. El silencio del extranjero pronto pesó sobre el campesino y comenzó a conversar con Supramati, preguntándole si era pariente del intendente. El príncipe aprovechó la oportunidad para conocer a los habitantes del castillo.

- Hay un mayordomo, un cocinero, dos lacayos, un ama de llaves y mi sobrina Annchen, que lava los platos. Es por ella que sé lo que pasa en el viejo nido de fantasmas - declaró el campesino.

- ¡Ah! ¿Hay fantasmas ahí? ¡Que interesante! – Dijo Supramati.

- ¡Es natural! Cada ruina es visitada por espectros... allí... el dueño y el mayordomo comercian con el diablo, ¡ambos!

- ¡Maldita sea! ¿Cómo sabes eso?

- ¡Ahora! ¡Todo el mundo lo sabe! Primero, al propietario se le ocurre un nombre diabólico que es imposible de articular. Se fue hace dos años, nadie sabe dónde está ahora... Pues, se quedó en el castillo durante tres años... luego nadie lo volvió a ver; unos dicen que es joven y bonito, otros dicen que es viejo... al menos ochenta años... si llega hoy, cambia todos los empleados menos el alcalde. Incluso el mayordomo, también él, parece muy extraño; triste, silencioso, casi nunca habla; o da la vuelta al castillo o está encerrado en su habitación. Debe ser mayor... al menos ochenta años; porque vino a este país, cuando mi abuelo todavía estaba vivo... pero parece robusto, como si no tuviera más de cincuenta años... y puedo jurar que solo con la ayuda de Satanás se logra no envejecer...

- No lo creo... no considero la edad robusta para ti, como un regalo de Satanás.

- Está... está claro que no eres de por aquí... por eso no crees. Aquí entendemos muy bien las cosas. ¡No hace mucho tiempo, y el diablo se ha hecho de ella! Todo el mundo lo sabe. Escuché de Annchen que es franca y nunca miente.

- ¿Qué pasó?

- Debes saber que hay una antigua capilla en el castillo... a través de una puerta que siempre está cerrada puedes subir a una pequeña torre donde seguro que puedes encontrar una campana. ¡Ya veremos! De repente, hace tres meses, en medio de la noche, esta campana comenzó a sonar... Todos se agitaron y corrieron hacia la capilla: estaba cerrada como de costumbre, y la campana sonaba sin parar... Annchen me juró que nunca en su vida había escuchado un sonido como este... le desgarraba el alma... Se podía creer que los heridos y los moribundos estaban gimiendo... El mayordomo también corrió. Estaba terriblemente pálido... En sus manos había un manojo de llaves... Abrió las puertas con manos temblorosas... ¡e imagina...! ¡Todas las velas estaban encendidas en el altar! El anciano cayó de rodillas y se puso a rezar... pero todos los domésticos huyeron y querían irse del lugar... Sin embargo, se rindieron en eso... se rindieron a los argumentos del intendente... se quedaron... la paga es buena y casi no hay trabajo aquí.

Supramati escuchó con gran interés. Este evento nocturno debería haber presagiado la muerte de Narayana; el hecho en sí mismo era extraño. Pero el príncipe ya no se sorprendió por nada ya que él mismo vivía en todo ese mundo oculto.

Llegaron a la explanada donde se encontraba el castillo. A este lado lo rodeaba una gran zanja; el puente levadizo estaba caído.

- Hay que tocar el timbre y luego lo abren, dijo el campesino.

Cuando Supramati le pagó generosamente y le dijo que podía volver, el hombre decidió aprovechar la oportunidad para ver un poco a su sobrina.

El timbre sonó. Pasaron unos minutos, se abrió una ventana y un viejo criado dijo con voz severa:

- ¿Quién es? ¿Qué quieres? Este castillo no puede ser visitado por turistas.

- Llame al alcalde y dígale que venga de parte de su amo - dijo en tono imperativo Supramati.

Pasaron unos minutos, las grandes puertas se abrieron de golpe y un hombre vestido de negro se acercó a paso rápido para recibir a los recién llegados.

- ¿Vienes en nombre del Maestro, señor? ¡Sea bienvenido! - Dijo haciendo un respetuoso saludo.

- ¡Llévame a la oficina del príncipe! ¡Debo hablar con usted! – Dijo Supramati, fijando al alcalde, examinándolo.

Era un hombre alto y corpulento, de unos cincuenta años. Su cabello y barba comenzaban a blanquearse, pero la tez de su rostro, el brillo de sus ojos grises y la ligereza de su andar, le daban un aire juvenil.

El mayordomo siguió adelante, mostrando respetuosamente el camino a su invitado. Cruzaron un pequeño patio pavimentado, luego un amplio vestíbulo que alguna vez habría servido como sala de armas.

El estilo del castillo demostró haber sido construido en el siglo XII o XIII. Las paredes eran muy gruesas, los techos bajos y las ventanas estrechas en sus nichos profundos, como flechas.

Los muebles, macizos y pesados, seguían el mismo estilo. Tallados de roble oscuro cubrían las paredes. En la gran sala, cuyas paredes estaban adornadas con retratos antiguos y armaduras, Supramati se detuvo y, colocando su mano sobre el hombro del mayordomo, dijo:

- No vine aquí en nombre de su antiguo señor; Estoy aquí por mi propia voluntad. Soy Narayana Supramati, el hermano menor y único heredero del difunto príncipe. Sabes, desde luego, que él murió, y que la campana de la capilla sonó anunciando su muerte.

El anciano mayordomo le dio al príncipe una mirada significativa.

- ¡Sí, lo sé! Pero no es posible que esté muerto, el que no debe morir - ¡NUNCA...! - Tartamudeó.

Pero pronto se recuperó. Rápidamente tomó la mano de Supramati y la besó con reverencia.

- ¡Bienvenido Maestro! ¡Y que el Señor bendiga tu entrada a esta casa! Todo está listo para darte la bienvenida.

Todo está siempre listo para recibir al príncipe, incluso si llega inesperadamente.

Supramati miró con sorpresa al hombre que estaba frente a él y que había notado el resplandor esquivo, que tenía en los ojos de todos los compañeros del Grial.

- ¿Cómo supiste que Narayana no debería morir como los demás? - Preguntó.

- ¿Cómo podría no saber eso? Le he estado sirviendo desde la época de las Cruzadas. El Señor de la Vida nos ha olvidado, mi Maestro y yo, entre los hombres - respondió el mayordomo con un suspiro.

Ahora que finalmente se ha ido, espero que llegue mi turno. Pero, ¿cuándo...?

- Hablaremos de esto con más detalle y me contarás tu historia, mi viejo amigo. En este punto, llévame a la habitación que ocupaba mi difunto hermano y pídeme el desayuno, si es posible.

Los apartamentos de Narayana constaban de tres partes, una de las cuales era la biblioteca que conducía a una de las torres. Era una gran sala circular, iluminada por vidrieras. Las paredes eran de roble oscuro; las puertas y aberturas estaban cubiertas con pesadas cortinas, dando a la cámara un aire sombrío y severo.

En las estanterías modernas, los viejos folios forrados en cuero; en una esquina, un reloj viejo. En el medio de la habitación, una mesa rodeada de elaboradas sillas de respaldo alto.

La décima cámara era una especie de habitación
llena de gobelinos[7] donde se representaban escenas de la
Biblia. En uno de los nichos, un armario de estilo gótico con
columnas admirables, que representan a los doce apóstoles.
Sillas en forma de bancos y sillones grandes con cojines
azules, bordados en plata. Un retrato de Narayana estaba
colgado en la pared, vestido con ropa lujosa, costumbre de
la época de François I[8].

En el dormitorio, sobre un estrado, bajo un dosel con
alacenas, había una gran cama cubierta con manteles. Las
sillas estaban tapizadas con un tejido similar a este último.

Todo formaba una atmósfera de antigüedad,
ligeramente descolorida, empañada por el tiempo, pero en
muy buenas condiciones, produciendo una agradable
impresión de confort. Y luego, como si fuera principios de
noviembre y los viejos muros destilaran frío y humedad, un
fuego acogedor ardía en las altas chimeneas, expandiendo
una atmósfera más cálida y agradable que en los cuartos
oscuros.

- La cena se servirá en un cuarto de hora, príncipe;
estará listo a las siete - dijo el mayordomo, y salió
saludando.

Tan pronto como Supramati estuvo solo, tuvo
tiempo de echar un vistazo superficial a su alrededor, pero
el mayordomo ya llevaba una gran bandeja de plata que

---

[7] Gobelinos: famosa fabricación de alfombras en París. En
singular, gobelino es un demonio familiar.
[8] Francisco I de Francia - 1494 a 1547.

colocó, por orden del príncipe, sobre la mesa de la biblioteca.

- ¿Cómo te llamas, querido amigo, y cuánto tiempo llevas sirviendo a mi hermano? - Preguntó Supramati, recogiendo un trozo de pollo frito.

Soy Jean Tartoz... He sido sirviente del difunto príncipe desde las Cruzadas. ¡Oh! He visto el mundo y vivido numerosas aventuras - respondió el mayordomo con un suspiro.

- Esta noche y mañana, Tartoz, me lo contarás todo en detalle; me gustaría visitar el castillo después de la cena - dijo Supramati, llenando una copa antigua en la que estaban extraídas las armas con vino espeso como almíbar. ¡Qué vino tan raro...! Muy bueno... pero muy espeso.

- Este vino tiene trescientos años. La reserva se guarda en nuestras bodegas no menos abastecidas que las de algunos monasterios - respondió el mayordomo guiñando un ojo altivamente. Las llaves de las cavas nunca me abandonan y renuevo las barricas en cuanto empiezan a vaciarse.

- ¿No te aburres aquí, en esta soledad, mi pobre Tartoz?

- No siempre he vivido aquí, Alteza. Me quedé un largo tiempo en el Tirol, donde el difunto príncipe tenía un castillo que ya no existe... yo estaba también en Bretaña... Yo he estado aquí durante trescientos años. Además, salgo mucho... ¡Oh! ¡Hasta me olvido de la suma de años! No llamar la atención, y para que no me tomen por el diablo, lo que sería peligrosísimo antiguamente, porque hasta que me podrían llevar a la hoguera, recurro al engaño, astucia, diversas medidas. Cambio de empleados, empleo a otros, me dejo la barba, me afeito la barba... hasta me tiño el pelo... me voy y vuelvo bajo el nombre de otro mayordomo... y todos los que me rodean mueren... y como tengo el mínimo de conexión con los aldeanos, se olvidan de mí y nadie puede creer que yo soy siempre el mismo... no me puedo quejar; me comporto como un hombre de veinte años; nunca me enfermo. Mi maestro siempre fue bueno conmigo... A menudo vivía aquí dos o tres años seguidos, cuando necesitaba calma y soledad. Pero, Señor, ¿cómo iba a morir el que no debía morir? No puedo entender - dijo Tartoz; y cuidadosamente puso su cabeza en sus manos.

- "Estaba cansado de vivir y sediento de la tranquilidad de la tumba - pensó Supramati con tristeza -. La inmortalidad tiene sus inconvenientes."

- ¡Sí, claro! En esto hay una razón profunda... yo mismo sufro eternamente... El sufrimiento de sobrevivir a los que amas, ¡cuántas veces me he casado...! ¡Cuántos hijos he tenido...! y enterrados uno tras otro... incluso mi raza se extinguió... y yo sigo...

- Es doloroso... porque en esta vida solo las personas no para obligar a los demás.

El mayordomo se enjugó los ojos, Supramati inclinó la cabeza. La tristeza y la angustia que por un momento obsesionaron al mayordomo una vez más se apoderó de él. Pero, pronto superando este sentimiento, empujó su silla hacia atrás y se puso de pie.

- Muéstrame el castillo, amigo mío; me gustan
mucho estos viejos nidos feudales. Siempre respiran los
tiempos antiguos... y este castillo parece estar bien
conservado...

- Hace cien años, se hicieron cambios profundos, su
difunto hermano arregló todo cuidadosamente, sin permitir
ningún cambio de estilo. Durante uno o dos siglos, este
castillo seguirá siendo sólido.

El príncipe visitó el castillo con vivo interés; cada
una de las habitaciones, las torres, las galerías abovedadas
tenían su leyenda que resumía Tartoz. Pero por breve que
fuera su comentario, Supramati señaló que las mujeres allí
siempre desempeñaban un papel protagónico, tanto como
los antiguos señores del castillo, excepto Narayana.

En la planta baja, Supramati revisó la colección de
armas, pocas en número, pero compuestas por objetos raros
y costosos. Desde allí descendieron bajo tierra; Tartoz le
mostró al príncipe las celdas de la prisión y las cámaras
aisladas excavadas en la roca. Se cerraron dos puertas y,
haciendo la señal de la cruz, el mayordomo declaró que esos
lugares horribles tenían una historia trágica...

Supramati tenía el deseo de penetrar en las cámaras
que guardaban el secreto de algún sangriento drama del
pasado, pero ante la expresión preocupada e inquieta de su
mayordomo, se controló.

Tartoz, queriendo cambiar el curso de la
conversación, condujo rápidamente al príncipe al sótano.

Fue una gran pieza subterránea; dos enormes pilares
sostenían el techo abovedado y los tanques de la altura de

un hombre que se encontraban alineados a lo largo de la pared; estaban envejecidos por el tiempo; una pequeña tabla de cobre clavada sobre cada uno decía el nombre y la edad del vino; en los rincones, sobre montones de arena, se registraban debidamente botellas grises por el paso del tiempo.

En medio del sótano, el príncipe notó una mesa redonda con algunos bancos; una lámpara de aceite sujeta por una cadena de hierro colgaba del techo y una luz parpadeante se refleja en una bandeja de gran plata y vasos apoyados en oro sobre la mesa.

- ¡Oh! ¡Ya habías iluminado el sótano en mi honor! - Dijo Supramati sonriendo.

- ¡No, Alteza! Nunca dejo este sótano en la oscuridad. Pero siéntese, descanse y beba muchas copas del vino más antiguo aquí. Su difunto hermano siempre lo hacía para celebrar su llegada. Bajaría a esta bodega, yo le serviría el mejor vino y beberíamos por su salud... aunque - ¡Alabado sea Dios! - que se cree siempre fuerte y vigoroso.

- Pero mi querido Tartoz, si me sirvo aquí, después de beber todo ese vino que cené, me voy a emborrachar - se rio Supramati.

- Ahora te has traicionado a ti mismo, príncipe. Tu "inmortalidad" es reciente... de lo contrario sabría que no se puede emborrachar - respondió Tartoz, con una sonrisa traviesa...

- Lo sé... así que dame... Solo quiero que bebas conmigo - El príncipe tomó de una copa de un viejo vino fragante que corrió por sus venas como fuego.

- ¡Excelente! ¡Un verdadero néctar! ¿Dijiste que a Narayana le gustaba ese vino, Tartoz?

- Ciertamente. Cuando estaba en el castillo, a menudo venía aquí. Y cuando llegó la última vez, hace diez años, para casarse, él...

- ¿Igual que? ¿Narayana estuvo casado diez años? - Exclamó Supramati con asombro. Pero, ¿con quién se casó? ¿Con la princesa Nara?

- No, su nombre era Eleanora. La trajo aquí y un anciano sacerdote los casó en secreto en la capilla del castillo. Luego se fueron; un año y medio después volvieron... Pero la princesa estaba enferma... agonizando... y una mañana la encontraron muerta en su cama... la enterraron aquí, en la tumba familiar... La condesa Gisele murió aquí también, con nosotros...

- ¿Quién era la condesa Gisele?

- Hija de un conde bávaro. Fue durante la Guerra de los Treinta Años. El príncipe ahora se encontraba en las filas del ejército de Wallenstein, con un nombre falso. La condesa Gisele estaba locamente enamorada de él y cuando se enteró que el príncipe se había ido al campamento de Wallenstein, se disfrazó de paje y lo acompañó en los diferentes movimientos del ejército. El difunto príncipe se sintió conmovido por esta devoción y, como la guerra le pesaba mucho, regresó aquí con la condesa y se casó con ella. Todavía la veo, como si estuviera viva, el día que llegó... Vestida de negro, pero hermosa como una reina; la tez de su rostro era la blancura de la nieve y sus ojos brillaban como diamantes. Vivieron felices durante cinco o seis años;

luego, la condesa Gisele se enfermó y murió cuando trajo un niño al mundo. El niño solo sobrevivió a su madre unos meses. Ambos están enterrados en el cementerio familiar.

- ¿No hubo otras mujeres, muy cercanas a Narayana, además de Gisele y Eleonora, que fueron enterradas en el cementerio? - Preguntó el príncipe, cada vez más sorprendido.

- ¡Sí! La hermosa sarracena Isoline y otra... Venía del Tirol con ellas, cuando un rayo quemó el castillo desde abajo.

- Narayana trajo a la sarracena después de las Cruzadas, supongo.

- Precisamente. En el momento de la Tercera Cruzada, cuando entré a su servicio. El príncipe tomó la cruz; pero tenía otro nombre: Caballero Radek. Reunió y armó un destacamento de arqueros a caballo. Yo estaba en ese número... Soy genial en el arte de disparar con ballesta...[9]

Primero seguimos al Emperador Barbarroja... luego no sé por qué, mi maestro se trasladó a las filas del Rey de Inglaterra, Richard. Me distinguí en el sitio de Santa Juana de Arco y pensé que había salvado dos veces la vida de mi maestro; aun sin saber que era inmortal. La primera vez durante un caliente enfrentamiento con los infieles, un

---

[9] Ballesta: Arma de tiro usada para lanzar flechas y bodoques, formada por un arco montado horizontalmente sobre un soporte de madera provisto de un mecanismo que tensa la cuerda y de otro que dispara.

jinete sarraceno le abrió la cabeza con una cimitarra[10]. Mi espada detuvo el golpe. La segunda vez, una prisionera sarracena quiso envenenar el príncipe... Me las arreglé para evitar que este acto atroz. El príncipe se rio de este intento de muerte, pero declaró que estaba reconocido. Me cuidó cuando me hirieron de gravedad... Me sentía cada vez peor y, una noche, creí que había llegado a mi tiempo. El príncipe se acercó y me miró largo rato con aire de preocupación. Luego se arrodilló junto a mi cama y susurró:

- ¿Quieres curarte y vivir mucho... tanto tiempo que perderás la cuenta de los años? ¿Y no me maldecirás?

- No entendí el significado completo de tus palabras, pero quería vivir. Así que respondí:

- ¡Oh! Maestro, sáname y te bendeciré siempre, toda mi vida.

- "Así que me dio un poco de vino... Nunca había probado nada parecido. Todo parecía arder y estallar en mí... y perdí el conocimiento... Cuando desperté, estaba tan fuerte y de buen humor como estoy hoy...

Al regresar a Europa, el príncipe trajo a la bella sarracena que pronto murió. Por eso se casó con Isoline, que había conocido en el palacio de un Herzog[11] austriaco.

- En cuanto a mí, mira, vivo, vivo... aunque a veces me siento muy cansado de vivir. De lo contrario, no me puedo quejar... el príncipe siempre me pagó sobradamente.

---

[10] Cimitarra: Sable oriental con una amplia y recurvada cuchilla, con un solo borde.

[11] Herzog: duque austríaco o alemán.

Tengo derecho a habitar cualquiera de sus dominios, siempre me honró con su confianza... Muchas veces una tristeza horrible me torturaba... y durante esos momentos de oscura desesperación me convertí en monje y pasé treinta años en un monasterio, pero esta existencia finalmente me pasó; hui a reencontrarme con mi maestro; se burló de mí enseguida y me casó entonces... "para purificarme de la tonsura y la sotana - dijo él riendo.

El mayordomo guardó silencio y se sumergió en sus recuerdos. Supramati también quedó absorto. Luego, reagrupándose rápidamente, dijo:

- ¡Tartoz! ¿Conociste a la princesa Nara, la viuda de Narayana?

Tartoz se estremeció y luego respondió en voz baja:

- Si estás pensando en la bailarina de Benarés, sí. Ella era rubia con ojos negros. No sé si es la que estás hablando.

- ¿Una rubia de ojos negros? - Repitió Supramati emocionado. Luego, señalando uno de los bancos, agregó:

- Siéntate, Tartoz, y te cuento todo en detalle lo que conoces la bailaora de Benarés.

- Esto sucedió recientemente... ciento ochenta años como máximo, comenzó el intendente después de pensar. Yo entonces estaba viviendo en Bretaña, en otro castillo del príncipe, y estaba casado con la valiente Celestina. Éramos muy felices. Nuestro primer hijo tenía apenas un año... cuando el príncipe llegó inesperadamente. Podría añadir que él había estado ausente más de dos años. ¿Dónde había estado? Lo ignoro. Llegó de noche, en un carruaje con cambio de caballos, ya que tenía prisa por llegar. Descendió con una forma alargada en sus brazos, disfrazada en los pliegues de su capa. Mi esposa fue llamada y luego me dijo que el príncipe había traído a una niña muy joven, hermosa como un ángel, pero que se veía muy enferma porque se había desmayado... y tomó más de una hora de esfuerzo revivirla.

La niña estuvo gravemente enferma durante muchas semanas. El príncipe parecía quererla mucho, cuidándola, ayudado por mi esposa.

Más tarde pude ver a la extraña joven por mí mismo. De hecho, era endiabladamente hermosa... y tan amable y sensible que mi esposa y yo nos encariñamos con ella, especialmente cuando los tres comenzamos a hablar. Luego nos enteramos que era una bailarina nativa de Benarés. Primero, la joven hablaba en un idioma desconocido que solo el príncipe entendía. Cuando entró en convalecencia, claramente se negó a usar la ropa que le había ofrecido mi esposa. La niña aun estaba postrada en cama. El príncipe ordenó abrir la maleta que había llegado con telas y ropa que nunca habíamos visto, pero sabíamos que era oriental: faldas bordadas en oro y plata, pañuelos jaspeados y extrañas piedras preciosas unidas por largos hilos nacarados.

La joven desconocida, que ya se estaba levantando, estaba emocionada. Se vistió de inmediato, rodeó sus tobillos y brazos con pesados brazaletes y prometió bailar en cuanto se sintiera fuerte en sus piernas. Luego bailó y cantó acompañada de un instrumento que parecía una guitarra.

El príncipe la amaba, pero cosa extraña, apenas soportaba de él y lo manifestaba abiertamente. Al comienzo, él reía y la besaba a la fuerza, mientras ella lo repelía, luego su relación se distendió y las querellas explotaron. Los dos hablan un idioma que no entendíamos, pero los gestos y el tono – dijo -, las palabras eran hirientes, amargas.

Una noche, ella huyó de su habitación y pidió refugio con nosotros. Ella estaba temblando de fiebre y nos hizo comprender, por los gestos y las palabras habladas en su horrible lengua, que ella no quería al príncipe y eso le provocaba horror. Unos días después nos despertaron de nuevo; esta vez fue el príncipe quien gritó, y nos apresuramos al jardín, porque los gritos venían de allí.

Había una gran piscina en el parque. La desafortunada bailarina, huyendo del príncipe, se había tirado al agua.

Parecía haberse arrojado allí también, pues estaba mojada de la cabeza a los pies, pero no pudo encontrarla. Ignoró el lugar donde se había ahogado. Inmediatamente le ordenó buscar, prometiendo una fortuna a quien pudiera encontrar el cuerpo de la joven.

Nunca vi al príncipe en ese estado de rabia: estaba pálido, pateaba y gritaba blasfemias.

Más de una hora se gastó en búsquedas vanas; los anzuelos[12] y las redes no sacaron nada a la luz. Finalmente, Theophile, el ayudante del jardinero, tocó el cuerpo y lo tiró al suelo.

____

[12] Anzuelo: caña provista de un anzuelo en el extremo y utilizada por los barqueros para amarrar el barco.

La bailarina parecía muerta, y no podía ser de otra manera, ya que pasó más de una hora bajo el agua. Su rostro estaba azulado, sus extremidades heladas, su ropa ligera mojaba su cuerpo y el agua goteaba de su cabello.

El príncipe se arrojó sobre ella como un loco, le temblaban las manos, le castañeteaban los dientes. No dejaba que nadie se le acercara y él mismo la llevó al laboratorio.

- ¿Entonces tiene un laboratorio allí? ¿Cuál? - Interrumpió Supramati, impresionado por el estupor ante las nuevas revelaciones sobre Narayana.

- Un laboratorio de alquimia. A menudo se encerraba allí durante dos o tres días, sin permitir que nadie lo molestara. Supusimos que hacía oro con la ayuda del diablo. Todos temimos el lugar y lo evitamos.

- El príncipe no tomó la bailarina. ¿Qué hizo? ¿Con qué hechizos la podría resucitar? Nadie lo sabía y yo tampoco lo sé. ¡Tres días más tarde él volvió a aparecer con la bailarina con vida, pero parecía que no tenía una gota de sangre corriendo por sus venas, la niña era transparente y la expresión de sus ojos me congeló!

Poco tiempo después que regresó a aquí, el príncipe y la hindú también llegaron. Él me dijo que se había casado con ella. Ella no más lo rechazó, pero permaneció triste y apática, como una mujer condenada a muerte. Tres meses más tarde, el príncipe partió llevándose a la princesa. Desde ese día no he sabido nada de ella ni de lo que le pasó.

Creo que murió, porque el príncipe se volvió a casar en el castillo. Apenas recuerdo el nombre de la bailarina, pero algo me recuerda a la princesa, su viuda, cuyo nombre pronunciaste... Si la viera, la reconocería...Quizás aun viva, si el príncipe le dio la misma sustancia que me dio a mí... Podría suceder...

Aun puede ser que el príncipe se haya vuelto a casar aquí, ocultando este matrimonio secreto a la princesa. Su última esposa solo dejó este castillo para ser enterrada en la tumba.

Supramati subió a su habitación, abrumado por los pensamientos que le había despertado la narración de Tartoz. A la mañana siguiente volvió a visitar otra parte del castillo. Quería estar solo. Cuanto más pensaba en Narayana, más le parecía impenetrable este ser. Los retratos que había en Venecia eran ciertamente recordatorios de esas mujeres efímeras, todas pronto muertas.

"Pero, ¿porque estas jóvenes vidas se estaban muriendo? ¿El soplo poderoso de este ser inmortal las quemaba al punto de matarlas, en lugar de mantenerlas vivas? ¿Era posible que no tuviera hijos, algún heredero directo? ¡Hasta legar todos sus bienes a un extraño...!

Todas estas preguntas quedaron sin respuesta. De hecho, en ese momento, el único interés de Supramati era: saber si ¿Nara y la bailarina eran la misma persona? Él sabría cuando ella se convirtiera en su esposa. Supramati no podía creer que la criatura inteligente y culta, con esa mirada demoníaca, pudiera ser una dulce e ignorante bailarina de Benarés. ¿Podría cambiar con el tiempo?

Y se preguntó, con temor, cómo se organizarían sus vidas íntimas en el futuro. ¿Era Nara capaz de un amor sincero y profundo, y podía estar satisfecha con la vida familiar tranquila y honesta, que él consideraba el ideal de la felicidad?

Se las arregló para dormir hasta muy tarde y, a la mañana siguiente, todas sus impresiones se calmaron; prosiguió con un gran interés en la visita al castillo.

Al principio Tartoz y él se retiraron a un pequeño jardín rodeado de muros y plantado con árboles centenarios; luego subieron a la torre más alta del castillo, desde donde se extendía una vista maravillosa.

Cuando Supramati expresó su entusiasmo, Tartoz aclaró:

- ¡Sí es hermoso! Pero el príncipe tenía... quiero decir, ¡tienes en Escocia un castillo viejo que yo prefiero a este...! Ese está construido al borde del océano, sobre una roca alta. Reina la soledad y la serenidad: allí, entre el cielo y el agua. Cuando hace buen tiempo, el sol brilla, brilla en las copas de las olas y las aves marinas vuelan por el balcón. El príncipe sentía mucho cariño por esta costa, sobre todo cuando las horas oscuras lo abrumaban, llenas de desesperanza. Por eso amaba la tormenta. Cuando las fuerzas se desataban con furia, las altas olas, transformándose en montañas líquidas, se estrellaron con estrépito contra las rocas, el príncipe se sentía bien y no abandonaba el balcón suspendido sobre el abismo.

- Sí, su alma sufrió y no pudo encontrar la calma en ninguna parte - observó con tristeza Supramati.

Los dos finalmente visitaron la capilla y luego la tumba, donde el príncipe había enterrado a sus numerosas mujeres.

Esta tumba era una gran sala subterránea excavada en la roca. Al fondo había un altar de piedra, con un gran crucifijo de mármol blanco, frente al cual ardía una lámpara. Las tumbas, cuya antigüedad, forma y ornamentos aludían a diferentes siglos, estaban distribuidas en dos filas.

- Si quieres ver a las desafortunadas princesas muertas, aquí en esta caja están las llaves de las tumbas.

Tartoz señaló una caja de madera negra, con las esquinas labradas en plata, apoyada en los escalones del altar.

Supramati vaciló un momento. La curiosidad de conocer a las víctimas de su predecesor fue más fuerte, pero no deseaba quitar la calma a estas criaturas que reposaban para siempre.

- ¡Oh! Estas tumbas ahora tienen solo huesos - dijo indeciso.

- ¡Creo que no! Nunca me atreví a verlo, pero sé que el príncipe, con cada una de sus visitas al castillo, ¡bajó aquí y abrió la tumba! Seguramente quería ver a las mujeres que había amado y no sus esqueletos...

Convencido por este argumento, Supramati le pidió que trajera la caja negra. Contenía llaves de todas las formas y tamaños.

- Antes de abrir las tumbas, debe encender el candelabro en el nicho de abajo. Así lo hacía siempre.

- Haz eso, amigo mío, respondió el príncipe, tomando la llave más antigua.

Pronto las veinticuatro velas ardían en los candelabros antiguos, iluminando ampliamente el interior de la tumba que Supramati acababa de abrir. Con mano temblorosa, el príncipe levantó el sudario de seda y pronto un grito de asombro y emoción brotó de su boca.

Una joven maravillosamente hermosa parecía estar durmiendo frente a él. Iba elegantemente vestida y hasta la mitad de su cuerpo estaba cubierto de flores, tan frescas como si se les acabara la cosecha. Un extraño y sofocante perfume se elevó en ráfagas de la tumba. Era similar a lo que el príncipe había sentido en la habitación de Liliana. En las otras tumbas, las mismas flores y el mismo perfume. En la última tumba descansaba Eleonora, a quien Narayana había desposado en su último viaje al castillo. Ella también era admirable en belleza. Supramati preguntó con asombro por qué Narayana no había usado el elixir de la vida para dar vida inmortal a al menos una de esas mujeres que había amado.

- Eleonora no quería morir... ¡pobrecita! Amaba tanto al príncipe que estaba enojada con la idea de separarse de él. Él también lloró y la abrazó, diciendo: "¡Sería una bendición del cielo morir contigo, Eleonora!" - Dijo Tartoz, después de haber dicho los nombres de todas las hermosas princesas muertas.

Tras finalizar su visita al castillo y cenar, Supramati expresó a Tartoz su asombro por no haber visto un laboratorio como el que tenía el príncipe en Bretaña.

- El laboratorio existe. La entrada es a la biblioteca, pero la puerta está cerrada - respondió el mayordomo.

Cuando Supramati, muy interesado, le pidió a Tartoz que le mostrara la puerta, este último respondió que desconocía el secreto que hacía que la entrada se abriera. El difunto príncipe le prohibió entrar allí. Sin embargo, Tartoz consintió en indicar el lugar de la puerta.

Ambos se dirigieron directamente a la biblioteca y Supramati buscó frenéticamente la entrada secreta.

El lugar indicado por el intendente estaba cubierto de estantes cargados de libros. El príncipe debía sacarlos a todos de allí para examinar la pared; tardó más de dos horas en encontrar la abertura, hábilmente oculta en los estantes.

Por fin se abrió la puerta y Supramati entró en un vestíbulo sin ventanas. Una pequeña llama azul brillaba desde una lámpara suspendida del techo, similar a la que iluminaba la tumba de Liliana. Emitía una luz tenue, pero la llama se apagó tan pronto como Supramati se acercó. Luego sacó un candelero y examinó ese extraño lugar.

Al fondo de la habitación había una gran chimenea con fuelles, réplicas y otros instrumentos alquímicos. Cerca de una pared vio una mesa y sobre ella un folio[13] grueso, encuadernado en cuero, sujeto por una cadena de hierro. Un poco más lejos había un armario lleno de bolsas de cuero de diferentes colores, frascos de todas las formas y tamaños, pequeñas cajas y rollos de pergamino.

Algunos trípodes se alineaban en la pared, con instrumentos que Supramati no conocía. Pero lo que

---

[13] Folio (forma latina): en la hoja; se dice, o libro o formato, en el que cada mirada se dobla en dos.

realmente le llamó la atención fueron dos objetos en el fondo de la habitación.

Una era una bandeja de madera triangular en la que se fijaba una espada larga; la punta dirigida hacia el techo. La hoja de sable brillante estaba cubierta con inscripciones incomprensibles para Supramati.

El segundo objeto representaba una gran hoja de metal, en forma de gong, también unida a un aparador. Todo ello dentro de un círculo rojo en el que, salvo noventa grados, estaban escritos signos cabalísticos en el suelo cuya madera formaba patrones.

Supramati nunca había visto el metal con el que estaba hecho este gong. Parecía transparente, luego opaco y aun reflejaba todos los colores del arco iris.

Queriendo mirar para cerrar el objeto extraño, el Príncipe entró en el círculo rojo dibujado en el suelo y se apoyó en la hoja de metal. Lo tocó, miró de cerca los bordes, el medio, pero este examen no reveló ningún misterio. El rostro estaba pulido; mirándolo de cerca, se veía uniformemente de color lechoso, pero retrocediendo un poco, pronto pareció reverberar en los diversos matices de los colores del prisma.

De repente, vino el impulso de golpear ese metal desconocido para escuchar su sonido. Cogió el martillo y le dio un pequeño golpe. Hubo un gemido largo, fuerte y estremecedor, luego un leve ruido que se transformó en un silbido, como la voz del viento barriendo las hojas secas. Luego vino el choque de una cascada, golpeando rocas, y el crujido seco de la arena mientras se arremolina, azotando el cristal de una ventana. Todos estos ruidos se sucedieron rápidamente y el príncipe no pudo entender sus variaciones. Queriendo comprenderlos mejor, dio un segundo golpe con el martillo. Esta vez escuchó un trueno lejano, luego escuchó voces humanas, el tintineo de las armas, el galope de cientos de caballos. Todos estos sonidos se acercaban rápidamente y por fin parecían tan cercanos que Supramati se dio la vuelta y se derrumbó, debilitado por el asombro y el horror.

El círculo rojo dentro del cual estaba quemado ahora con un verdoso y afuera del círculo llama a todas las cosas que había cambiado su apariencia. Todo en la habitación, incluso las paredes, había desaparecido, para dar paso a un valle ancho y montañoso, en el fondo del cual había una fortaleza rodeada por una alta muralla almenada.

El paisaje estaba iluminado por una luz tenue, azulada, fosforescente, y en esa semi-luminosidad, el príncipe notó columnas de guerreros que se dirigían al asalto, ya colocando escaleras. A la entrada, un destacamento de soldados se apresuró a ayudar a sus compañeros. A dos pasos de Supramati, casi rozándolo, marcharon soldados armados con lanzas, seguidos de arqueros y caballeros de hierro. Todos vestían camisas de tela blanca con cruces rojas sobre el pecho o los hombros.

Una luz fosforescente brilló sobre la armadura y los cascos de hierro, revelando rostros barbudos y ojos brillando con energía salvaje y voluntad inquebrantable.

A cierta distancia de esta masa de gente, un grupo de jinetes galopaba hacia adelante. Un hombre alto estaba a cargo, su expresión orgullosa, enérgica. Su mirada respiraba crueldad, entusiasmo, audacia. Su casco, adornado con plumas que ondeaban al viento, estaba rematado con una corona real; lo siguió un caballero que portaba en su estandarte las armas de Inglaterra. Luego vino todo el séquito real, con lujosas prendas, ricas armaduras y coronas heráldicas que indican la alta nobleza de estos caballeros.

La tierra tembló bajo los cascos de los caballos; estos pasaron tan cerca de Supramati que podría haberlos tocado. Escuchó el aliento desigual y ardiente de hombres y bestias y olió el áspero aroma de esa masa de caballeros, pajes y guerreros que desfilaban ante él, con estandartes flotando, todos resplandecientes en sus formas coloridas y pintorescas de la Edad Media. Un sordo estruendo de voces y frases entrecortadas del antiguo idioma inglés llegó a sus oídos.

De repente, el príncipe se estremeció. Allí abajo, sobre un magnífico caballo negro, vio a un jinete cuyo rostro era su conocido. No tenía la cota de malla pesada, tenía una prenda sarracena, flexible y ligera, como si fuera de seda, una gorra ligera también y sin visera, cubriendo su pelo rizado, negro y espeso. Los grandes ojos oscuros del caballero miraron a Supramati con una expresión indefinible. Era Narayana. Cuando llegó al joven médico, el caballo se encabritó y arrojó un puñado de arena al príncipe. Supramati cerró los ojos y dio un paso atrás.

Cuando los volvió a abrir, la visión se había ido; el príncipe estaba en el laboratorio, pero ya no estaba solo. Al otro lado del círculo de fuego estaba un monje alto y delgado con cara de asceta. Su mirada profunda y oscura fijó al príncipe con severidad. Levantó su mano huesuda y pronunció en voz baja:

- ¡Necio ignorante! ¡Atrévete a tocar con mano insolente los secretos que no entiendes! Si tu cuerpo no fuera invulnerable a la acción de los elementos, esta hora sería la última de tu existencia. ¡Deshonra para quien evoca el mundo invisible sin recibir instrucciones! Presta atención, y antes de haber recibido la iniciación, no pongas tu mano sobre estos instrumentos desconocidos para ti y que conducen al hombre a los caminos oscuros del mundo oculto.

Horrorizado, el príncipe vio una multitud repugnante que se apretó tras el monje. Criaturas odiosas, de pie, agazapadas o gateando, mitad hombre, mitad animal. Tenían rostros bestiales, manifestando una crueldad infernal.

El monje tenía en la mano una campana que hizo sonar. Los sonidos eran tan penetrantes, que el príncipe tuvo un vértigo y su alrededor se oscureció; le pareció que un vórtice de aire lo arrancó del suelo y rodó en el espacio, perdiendo el conocimiento.

Cuando volvió a abrir los ojos, se encontró estirado fuera del círculo rojo. Le pesaba la cabeza, le dolía todo el cuerpo y la pieza en la que estaba le causó un miedo tan extraordinario que salió corriendo y cerró la puerta. Había decidido no volver a abrir esa puerta hasta que estuviera lo suficientemente preparado para resistir sin peligro el terrible mundo oculto en el que había entrado tan descuidadamente.

VIII

Pasaron muchos días en calma. Supramati descansó tras las emociones vividas, meditando sobre el pasado y el futuro.

Por primera vez desde que bebió la esencia de la vida, experimentó una gran debilidad física, un mareo incesante, un desaliento persistente. Estos sentimientos enfermizos le hicieron comprender el terrible peligro del que había escapado, lo que confirmaría su determinación de estudiar el misterioso mundo que rodea al hombre. ¿Qué era entonces esta ley desconocida que puso en marcha para evocar tan maravillosamente esa página del pasado lejano?

La vida de Narayana estaba tejida de secretos que no le interesaban en absoluto. No podía entender a este extraño hombre.

Cuando recuperó la salud, Supramati sintió que el viejo castillo, habitado por todo un ejército de demonios, ya le resultaba desagradable. Pensó en irse a visitar otros lugares, experimentar nuevas impresiones, y se preguntó, con angustia, si la inquietud perpetua no era el atributo fatal de la vida perenne. El infortunado inmortal y no puede estar tranquilo, se convierte en peregrino, viajando sin cesar, de un rincón a otro del mundo...

Isaac Laquedem, sin tregua ni descanso, vagó por el mundo; Dakhir vagó sobre las olas; Narayana, como el judío errante, buscó la tranquilidad en todas partes, sin encontrarla en ninguna parte. Él mismo, desde que era inmortal, había experimentado un vacío interior y la vaga necesidad de lo desconocido; la sociedad inútil le había resultado intolerable en París, y allí le pesaban la soledad y la calma.

El príncipe decidió partir hacia el castillo de Bretaña, donde se había desarrollado el drama con la bailarina. Quería redescubrir los rasgos de la joven hindú y averiguar si realmente era Nara. Al salir del castillo, se llevó a Tartoz. Un siervo fiel y devoto, que conocía su secreto y no lo traicionaría; Se necesitaba a Tartoz. Nadie podría desempeñar este papel mejor que Tartoz, quien también sería un guía precioso para él en sus nuevos dominios.

El viaje no le proporcionó el placer que esperaba. El castillo bretón sufrió mucho con la Revolución; el pabellón donde estaba ubicado el laboratorio y la mayoría de las cámaras habían sido incendiadas. A pesar de todas las búsquedas, el príncipe no pudo encontrar el menor rastro de la bailarina, ni siquiera uno de sus retratos.

Se aburrió rápido. Una semana después, volvió a leer la lista de sus propiedades y se fue a Escocia. Pero al ver los nombres de dos castillos, uno en Benarés y otro en el Himalaya, quiso visitar la India, esa región de los milagros, la cuna de la humanidad. Durante mucho tiempo quiso conocer ese país, pero a causa de su enfermedad y en otras condiciones desfavorables, siempre se sintió incapaz de satisfacer ese deseo.

Pero siempre decidido a llevarlo a cabo, estudió sánscrito durante unos años bajo la dirección de un compañero orientalista.

Habiendo resuelto por completo toda lo que aun se relacionaba con su pasado, con Tartoz Supramati tomó el barco a la India, firmando con el nombre de Ralph Morgan. No dejó de estudiar sánscrito durante toda la travesía.

Al principio quiso ir a Benarés, pero cuando desembarcó, el campo le interesó tanto que visitó pueblo tras pueblo, deteniéndose muchas veces en el camino. La belleza de los lugares, la originalidad de la civilización antigua y las costumbres de este pueblo tan especial, lo absorbieron por completo. Y como no tenía necesidad de ahorrar dinero ni tiempo, el príncipe viajó, obedeciendo solo a su imaginación y también haciendo grandes avances en el idioma del país.

Supramati llegó a Benarés solo dos meses después de llegar a la India. Fue a un hotel y a la mañana siguiente se enteró que el castillo del príncipe Narayana estaba a dos horas de la ciudad.

Contrató dos caballos y se marchó en compañía de un guía hindú.

Después de dos horas de caminata, se dirigieron a la cima de una colina donde había un castillo rodeado de vastos jardines, cuyas cúpulas dentadas, blancas con nieve brillante, emergían de la espesa vegetación.

Supramati contuvo su caballo y admiró la maravillosa belleza del lugar, que parecía dormir en majestuosa serenidad.

Se detuvo a la entrada de un gran patio pavimentado: en el centro, una palangana de mármol rodeada de palmeras; un gran chorro de agua brotaba de la tierra.

Muchos elefantes deambulaban libremente por el patio y, cerca de la fuente, dos mujeres hindúes conversaban con un hombre que llevaba una canasta cargada de frutas y verduras.

Supramati y su compañero desmontaron de sus caballos y entraron al patio. Al llamar al hombre de la canasta, el príncipe le pidió que llamara al mayordomo. El hindú miró a los forasteros con hostilidad y, sin responder, desapareció en un segundo patio, separado del primero por una alta reja dorada.

- Inspiramos poca simpatía, señaló el príncipe, riendo.

Unos minutos después, un hombre alto de rostro bronceado apareció cerca de la barandilla. Vestía una larga túnica blanca, un turbante en la cabeza, brazaletes en los brazos y grandes pendientes de oro en las orejas. El hombre de la canasta y otro servidor lo rodearon.

- ¿Qué quieren aquí, señores? El castillo está cerrado a los curiosos; los extranjeros no pueden visitarlo.

- No soy un extraño... Soy el señor de esta casa, el hermano menor del príncipe Narayana Supramati - respondió el príncipe. Aquí está el anillo de mi difunto hermano que confirma mis palabras.

Mientras decía esto, tomó el anillo de Narayana de su dedo y se lo mostró al hindú.

El rostro del mayordomo cambió instantáneamente de expresión. Las actitudes cambiaron en toda su extensión y el intendente dio la bienvenida a su nuevo jefe, inclinándose hasta el suelo, invitándolos a que entraran.

Luego tomó un pequeño cuerno de marfil de su cintura y lo sopló. Mientras Supramati cruzaba el patio y subía las escaleras, a ambos lados, como un hormiguero agitado, aparecieron los criados. Acababan de enterarse de la noticia y dieron la bienvenida a su nuevo maestro con todas las expresiones de respeto oriental.

Supramati les aseguró su benevolencia y ordenó al mayordomo que les distribuyera todas las grandes propinas; luego, muy emocionado, el príncipe entró en el castillo, pareciendo inmediatamente entrar en un país legendario.

Nunca había visto objetos tan preciosos en tanta abundancia. El mármol, la malaquita, el lapislázuli eran un asunto tan común como la madera y las piedras en otras regiones. El piso de mosaico se trabajó en diseños; las fuentes corrían ruidosamente en cuencas de ónix; y las puertas doradas estaban cubiertas con ricas cortinas, bordadas en oro y plata con sedas multicolores. Por todas partes, en magníficos jarrones, florecían extraños olores; se quemaban deliciosos perfumes en trípodes. Loros de todos los colores se agitaban en grandes anillos, colibríes y otras aves cantaban en enormes jaulas de filigrana.

- "¡Este palacio real me pertenece! – Exclamó -. ¡¿Quién lo diría?! ¡Esto es un sueño! Me siento como un viajero, porque aquí todo me es desconocido. Ningún hábito, ningún recuerdo me ata a este país y no me permite sentirme realmente dueño de las cosas... ¡espero que este sentimiento nazca con el tiempo...! ¡Temo que este palacio desaparezca de repente frente a mí! "

Este pensamiento le trajo su alegría habitual. Tendió cómodamente en cojines de seda y, como estaba fatigado por tantas emociones, durmió un sueño tranquilo y profundo.

Llegó la tarde y un camarero lo despertó para decirle que la cena estaba servida. La cocina refinada, el apetito después de dormir, le permitieron honrar la comida.

Luego salió.

Después de una larga caminata, Supramati regresó a su dormitorio. Sobresaltado, se detuvo justo en la entrada.

Sobre una almohada, apoyada en un escalón de la escalera, al pie de la cama, estaba sentada una mujer vestida de blanco. Su largo cabello rubio, deshecho en su espalda, estaba decorado con hebras de perlas. Su cabeza se inclinó, y en su rostro la expresión era una de obstinación salvaje y el odio. Sus manos se apretaron convulsivamente y aterrizaron sobre sus rodillas.

Supramati la miró con curiosidad. ¿Había sido esta mujer un instrumento de placer para Narayana, o era eso lo que el mayordomo le había ordenado que hiciera: obedecer las órdenes del señor? Ya estaba familiarizado con los numerosos ejemplos de cortesía hindú, incluso con respecto a los extranjeros. Esta educación a los ojos del señor, se convirtió en obligatoria.

Acercándose a la desconocida que no se movió y no levantó la cabeza, le preguntó:

- ¿Quién eres tú? ¿Quién te trajo aquí?

Al oír esa voz, la mujer se enderezó rápidamente, lo miró con sus grandes ojos negros y murmuró temblorosamente:

- ¡Pero no es él...!

- ¿Hablas del príncipe Narayana?

- ¡Sí, del maldito príncipe! – Dijo Amudu - Has llegado, ve a tu habitación.

- El príncipe Narayana está muerto; soy su hermano y heredero.

- ¡¿Muerto?! ¿Está muerto...? ¡Así que podía morir! - Gritó la joven.

En un acceso de locura de alegría, ella saltó, y los brazos levantados, dio vuelta en el dormitorio, ligera y graciosa, como una aparición aérea. Luego, tranquilizándose, se acercó a Supramati y, con los brazos cruzados sobre el pecho, se inclinó hasta el suelo frente a él.

- ¡Perdóname, príncipe, por haberme olvidado ante ti! La esclava te saluda y obedece tus órdenes.

Supramati la miró encantado. Excluyendo a Nara, quizás, nunca había visto una criatura tan hermosa. También había sido víctima de Narayana; su odio salvaje hacia él demostró lo suficiente.

- ¡Pobre cosita! - Dijo, acariciando suavemente la cabeza inclinada de la joven -. ¡No tengas miedo a nada!

Quiero que seas libre y vivas como desees. ¿Cuál es tu nombre?

- Nurvadi - respondió ella, mirando al príncipe con asombro y reconocimiento -. Con mucho gusto te obedeceré, y si me lo mandas, te amaré - agregó, después de una breve vacilación -. ¡Eres bueno! En tus ojos no hay malicia de tigre, como en el otro.

Supramati sonrió.

- Yo prefiero que me ames sin ninguna orden de mi parte. Pero siéntate aquí, junto a mí en el sofá, y cuéntame tu historia.

Ligeramente conmovida pero visiblemente feliz, la joven se sentó junto al príncipe.

- No sé quiénes eran realmente mis padres - comenzó después de un breve silencio -. Le debo a mi madre, una extranjera, mi cabello rubio y la tez clara de mi rostro. No recuerdo la razón que nos separó. Pero me dijeron que me encontró en un hotel un viejo brahmán que se compadeció de mí y me llevó a un templo donde me educaron como bailarina.

Cuando crecí y comencé a aparecer en las fiestas públicas de la pagoda, mi belleza atrajo las miradas de la multitud. Un joven de la casta de los comerciantes me amaba y quería casarse conmigo.

Lo amaba con todas las fuerzas de mi alma, y nuestro matrimonio se decidió se pagó una gran suma a la pagoda, equivalente a la cantidad que había costado desde mi niñez y, he aquí, apareció de repente en mi camino el demonio que destruyó mi vida...

¿Dónde y cuándo me vio el príncipe Narayana? No lo sé. Perdió la cabeza y quiso poseerme a toda costa.

Yo no explico cómo fue capaz de arrebatar los brahmanes consentimiento para anular mi matrimonio. Un día me dieron al príncipe y entonces dejamos Benarés.

Lo que sufrí entonces, sólo Brahma lo sabe. Tenía miedo de este hombre que me había robado la felicidad y no encontraba palabras para expresar el disgusto y el odio que me inspiraba.

La joven guardó silencio por un momento, toda sacudida por un temblor nervioso. Ella continuó; sin embargo, acomodándose rápidamente.

- Me enfermé y recuerdo muy confusamente aquella época terrible. Me llevó al otro lado del mar, a un país horrible, frío y brumoso, donde nada me recordaba el cielo azul, el aire embalsamado y las hermosas regiones de mi tierra. Tenía frío en esa casa vieja con paredes tan gruesas, me asfixiaba en las habitaciones húmedas y oscuras, y me sentía perdida entre seres que no me entendían. Pero el amor del príncipe me perseguía y eso, sí, era odioso para mí.

Una noche, desesperada, el dolor me invadió con tanta fuerza que la muerte parecía preferible a esa existencia. Me solté de sus brazos, hui al jardín y me arrojé a un estanque. Perdí el conocimiento. Mi último pensamiento fue que la muerte se apoderó de mí, ¡qué bien!, pero me equivoqué...

Cuando volví en mí, estaba tumbada sobre una mesa, en la habitación donde el príncipe mantuvo todo tipo de instrumentos mágicos.

Narayana parado a mi lado, tenía dos esferas. Él tiraba chispas de un dispositivo que envolvían todo mi cuerpo. El dolor que experimenté cuando estas chispas me picaron es que me hizo despertar. Grité, quise huir, pero Me sentí paralizada y no podía hacer un solo movimiento. Pensé que había muerto por segunda vez. En ese momento el príncipe tomó una cuchara, puso un líquido que se sentía como fuego en mi boca y me desmayé. Cuando recuperé el conocimiento estaba fuerte y me sentí mejor que nunca.

Entonces vivíamos en diferentes ciudades, y yo tenía que aprender el idioma que él hablaba. Él nunca salía conmigo y yo vivía sola, infeliz y triste. No me atrevía a resistirme. Siempre lo execraba, cada vez más, si solo mi odio podría crecer...

Finalmente, él me trajo aquí y se fue lejos, solo. Me sentí más feliz, porque yo estaba en mi país, no lo veía más y no experimenté ninguna necesidad, pues estaba rodeada de lujo y respeto; pero solo había un deseo dentro de mí: quería volver a ver a mi antiguo prometido. Logré encontrarlo, gracias a una artimaña. ¡Dios mío! Vi a un anciano de ochenta que me miraba aterrorizado, gritando que los espíritus malignos se habían apoderado de mi cuerpo, pues yo era tan joven y hermosa como sesenta años antes...

Asombrada, traté de demostrarle que no me había pasado nada extraordinario; no sabía que habían pasado tantos años desde mi partida...

Pero él no quiso escucharme. Su emoción fue tal que se desmayó, pensé que se había muerto. Así que me escapé y después de eso vivo aquí, siempre hermosa y joven, víctima de un hechizo diabólico.

Narayana llegaba a menudo y me llevaba. Cuando volvía, aquí siempre encontraba nuevos servidores, todos desconocidos. Desde luego, Narayana no quería que se revelara el secreto de nuestra vida inmortal. Creo que la gente pensaba que había un misterio, al menos en lo que a mí respecta, porque todos me temen, a pesar del respeto que muestran; me rehúyen, y quizás hasta me odian; me consideran un espíritu oscuro...

Y ahora está muerto... ¿y yo me voy a morir? ¡Ay! ¡Qué cansada estoy de vivir...!

Supramati sintió mucha lástima por esta criatura más desafortunada, tan irreflexivamente arrancada de las leyes comunes de la vida, y aseguró que era benevolente con Nurvadi, con su amistad y protección.

Desde entonces vio a Nurvadi todos los días; manifiestamente la joven mujer se encariñaba con él... y el príncipe se dio cuenta, que ella era educada, hablaba muchos idiomas, después de haber leído toda la biblioteca reunida por Narayana.

Sus coloquios con Nurvadi pronto se convirtieron en una necesidad para Supramati. El encanto de su belleza lo hechizó, y el hecho que ella hubiera execrado a Narayana sin ocultárselo a Supramati, y que todo su amor perteneciera a Supramati, a él ya nadie más, halagó mucho el amor propio del príncipe.

Así que una tarde abrazó a Nurvadi y le declaró su amor.

Ella abrazó a su amante y murmuró con lágrimas en los ojos.

- ¡Ámame un poco, Supramati! ¡Estoy tan sola! Yo vegeto, no vivo. Tus ojos me conquistaron desde que te fijaste en mí.

Olvidando a Nara y el palacio del Grial, Supramati besó apasionadamente a la joven y le prometió su amor eterno...

Nurvadi no solo era una belleza en el pleno sentido de la palabra, sino también una criatura honesta, inocente, natural y fiel. Le molestaba un amor sin límites, ardiente como el sol de su tierra natal, por un hombre que había elegido. La influencia del clima ardiente, el ambiente mágico, la tranquilidad de los lugares fue tal que un idilio puro y tropical pudo florecer en el palacio de Narayana.

Olvidando el pasado, el futuro y su inmortalidad, Supramati vivió solo en el presente. Cambió su traje europeo por una suntuosa túnica hindú. Cabalgaba en un "palanquín"[14], o en un elefante, y se sumergía por completo en los negligentes sueños orientales. Todos sus deseos fueron adivinados por quienes lo rodeaban, y ni una sombra de preocupación perturbó el ensueño encantado de su vida.

Pasaron muchos meses. Y he aquí, un día Nurvadi, feliz y sonrojada, le anunció que se sentía como una madre. El hecho se produjo en un momento crítico para la felicidad de la joven, aunque todavía no sospechaba nada. Los

---

[14] Especie de andas usadas en Oriente para llevar en ellas a las personas importantes.

primeros años del impulso apasionado se extinguieron y el egoísmo masculino comenzó a manifestarse.

Supramati recordó una partida necesaria para Europa, donde un deber imperioso lo llamó, donde lo esperaba su esposa, con quien se había casado frente a una severa hermandad. A pesar de la belleza de Nurvadi y de su amor eterno por él, el príncipe debía, tarde o temprano, separarse de ella, y esta separación era ineludible.

La noticia de su futura paternidad desvió sus pensamientos del objetivo inmediato que perseguía su espíritu. No quería irse antes de abrazar a su hijo. Sin embargo, la necesidad de un intercambio le recordó la existencia de una propiedad que poseía en el Himalaya. ¿Podría ir a Europa sin haber visitado esa región? Esa parte de la India debió ser interesante y lo que le interesó mucho fue el misterio; debería ir allí sin esperas inútiles.

Supramati sintió un nuevo misterio y cuanto más pensaba el palacio de los Himalayas, más la curiosidad y el deseo lo arrastraron a este viaje.

Decidió irse acompañado de Tartoz y un sirviente hindú silencioso, que lo inspiró con toda su confianza.

La noticia de esta próxima partida no agradó a Tartoz. Siguiendo el buen ejemplo de su maestro, disfrutó de su viudez con una joven y bella hindú, creyendo que estaba viviendo en el paraíso, gracias a todos los lujos que lo rodeaban.

Nurvadi se enteró con gran tristeza de la partida de Supramati. Ella le rogó que la llevara con él. El príncipe se quejó que su condición de reposo necesario, y añadió que

su ausencia no sólo se toma el tiempo de viaje y la visita a
lo que le pertenecía. Y que tendría que someterse a esa
decisión.

Se fue después de tiernas despedidas. Llevó caballos
y un elefante con el equipaje; también tomó una pequeña
tienda de campaña donde podría descansar de sus
agotadores paseos.

El viaje fue más largo y doloroso de lo que se
suponía. Era necesario adentrarse en la montaña, siguiendo
caminos empinados e inaccesibles. Finalmente, los viajeros
llegaron a una gran meseta donde se encontraba un edificio
de pequeñas proporciones, cuyos ornamentos se
asemejaban más a un templo que a un palacio. Un jardín de
tupidos matorrales rodeaba la casa que, como una flor
gigantesca, destacaba sobre el fondo de la sombra del
verdor por su blancura nívea.

Supramati parecía ser el esperado, aunque no había
enviado correo para anunciar su partida. Las puertas del
primer patio se abrieron completamente y muchos
servidores estaba firmes en la entrada; les dirigió un
anciano que vestía el hábito de los sacerdotes de menor
rango.

- ¡Bienvenido, príncipe Supramati, nuevo señor de
estos lugares! ¡Que la hora de su llegada sea la hora de la
felicidad, y que Brahma conceda a su predecesor el
descanso de los bienaventurados!

Sorprendido y casi irritado por esta inesperada
bienvenida, Supramati agradeció al anciano que se hacía
llamar "el mayordomo Avrita" y lo siguió.

En la casa, a pesar del lujo, todo parecía sencillo y severo. Una misteriosa semioscuridad reinaba en todas las piezas. Supramati experimentó la misma impresión que cuando llegó - era un templo y no una residencia de un "simple mortal."

Dado que el príncipe se sintió renovado y se cambió de ropa, Avrita le preguntó respetuosamente si estaría de acuerdo en que lo llevaran más cerca de su padre.

Supramati lo miró sorprendido, sin entender de qué estaba hablando el mayordomo. Sin embargo, ya acostumbrado a las sorpresas, rápidamente se dominó y se declaró listo para seguirlo.

Cruzaron una larga galería que parecía dividir la casa en dos mitades, pasaron frente a una habitación donde el príncipe notó extraños instrumentos, y se detuvieron frente a una cortina hecha de tela con reflejos de oro y plata. Avrita lo levantó y, con un gesto, lo invitó a pasar.

Supramati se encontró dentro de una gran sala, que se abría a una terraza que evidentemente servía como biblioteca, ya que contenía dispositivos astronómicos y una gran colección de grabados y estantes. En medio de la obra, un hombre estaba sentado a una mesa, en un sillón de caña trenzada; brújula en mano, dibujó figuras y trazó signos en una gran hoja blanca.

Con el leve ruido que hizo el príncipe, el extraño colocó la brújula sobre la mesa y se levantó.

Supramati recibió un impacto. Retrocedió. ¡Nunca antes, un hombre, le había inspirado, a primera vista, el respeto y la seguro que ver a un ser extraordinario y poderoso!

Era un hombre muy alto y muy delgado. Estaba vestido de blanco y tenía un turbante blanco en la cabeza; en su rostro bronceado se vislumbraba una severa bondad; una barba negra azulada lo enmarcaba. Ni por un minuto Supramati podría considerarlo su compañero o su igual. La calma majestuosa y la fuerza abrumadora que respiraba confirmaron el nombre que le había dado Avrita: "Padre."

Pero fueron sus ojos que inmediatamente impusieron a sí mismos en el príncipe: grandes, oscuros, impenetrables, cuya llama no podía ser sostenido. Un inexplicable fulgor brilló en ellos, cuya fuerza traspasó el alma y leyó en las profundidades del ser que esos ojos fijasen.

Supramati, impulsivamente, se inclinó hasta el suelo ante él y pronunció con voz insegura:

- Te saludo, Maestro, y te ruego que me brindes hospitalidad - Una sutil sonrisa se dibujó en los labios del extraño.

Puso su mano sobre el hombro de Supramati y dijo afectuosamente:

- ¡Bienvenido, hijo mío! Pero al pedirme hospitalidad, te equivoca; aquí eres el dueño y yo el invitado.

Supramati se estremeció. Ya había escuchado esa voz profunda, con un timbre metálico. ¿Dónde la había oído...?

Recuerdos confusos, imágenes borrosas, sensaciones caóticas lo asaltaron. Y todo se fusionó en un sentimiento de confianza y amor ilimitados por este extraño.

El extraño fijó su mirada de fuego en el príncipe, luego se acercó a él, le pidió que se sentara y le dijo afectuosamente:

- Me llamo Ebramar, y llevo viviendo aquí mucho tiempo, por invitación de Narayana, estudiando problemas que aun no he podido resolver... A veces venía a esta casa, siempre insatisfecho, cubierto de heridas morales y atrapado por espíritus elementales que él evocaba y que no tenía el poder de someter. Narayana, buscaba refugio aquí, donde sus perseguidores no se atrevían a penetran, y se consagraba de nuevo a todo el ritual de pruebas. Eso no duró mucho. Se debilitaría rápidamente, arrastrado por sus pasiones y desaparecería de nuevo. Tras su último ensayo, Narayana no volvió y, empujado por los espíritus elementales, rompió la cadena que lo unía al cuerpo.

Ebramar inclinó la cabeza y se sumergió en una profunda meditación que Supramati no se atrevió a interrumpir. El príncipe, además, experimentó un extraño malestar que se manifestó en forma de vértigo intermitente.

Ebramar finalmente regresó en espíritu. En cuanto su mirada se fijó en la palidez del rostro de su interlocutor, se levantó.

- ¡Ven, hijo mío! Es la hora de cenar y el aire fresco te sentará bien. En este ambiente, la atmósfera está saturada con perfume al que no estás acostumbrado y las vibraciones actúan maliciosamente en ti. Más tarde, cuando seas un iniciado, observarás que son emanaciones caóticas y desequilibradas de la multitud que te fatigan y perturban.

Ebramar levantó el telón y entró con el príncipe en una larga galería con arcadas talladas y esmaltadas, que parecían encajes de oro cosidos con piedras preciosas.

La galería conducía a una terraza; de allí ambos bajaron al jardín y pasaron a un pabellón, en una eminencia, donde se sirvió la cena en una mesa. La vista desde el pabellón era espléndida.

Entre dos rocas, como a través de una ventana gigante, se veían altas montañas en el horizonte. Un camino casi empinado descendía hacia el valle. Una corriente cayó de una de las rocas, donde jugaban fuegos multicolores de los rayos del sol poniente. Estas aguas salvajes hicieron que el paisaje fuera aun más áspero y grandioso. Desde el lado opuesto, la vista contrastaba por completo con su tranquilo idilio.

Allí, en medio de una pradera verde, plantada de árboles, había un lago, donde cisnes blancos y negros se deslizaban silenciosamente sobre el rostro pulido. Las palmeras crecían en la orilla y se reflejaban en el agua.

Una inefable sensación de serenidad y bienestar inundó a Supramati y una extraña somnolencia se apoderó de él, como si lo mecieran suavemente unas lentas olas. El conjunto de la atmósfera y el paisaje que la rodea le parecían fosforescentes. Criaturas transparentes, iluminadas por la luz celestial, se deslizaban por la pradera, vestidas con túnicas blancas flotantes. Sus rostros, con sus contornos borrosos, eran tiernos y tranquilos, y cada uno de sus movimientos dejaba huellas brillantes y embalsamadas.

IX

Los días que siguieron fueron una época de indefinible felicidad y calma para Supramati. Hasta el almuerzo, el hindú era invisible y el príncipe leía o se paseaba. El mediodía y las tardes se dedicaron a la conversación.

Una tarde, cuando los dos hablaban de Narayana, Supramati recordó de repente a Liliana. Le contó brevemente al Maestro las circunstancias que le habían permitido descubrir este crimen y le preguntó a Ebramar en qué estado se encontraba la niña... ¿estaba muerta o viviendo en una vida misteriosa?

- Si pudiera llevarte al estado normal de vida, por favor, oh Maestro, dime cómo debo actuar. Y si está muerta, prefiero enterrar a esta desgraciada, según el rito cristiano, antes que dejarla en su ataúd de cristal.

- Conozco este último crimen de Narayana; y lo más odioso es que usó una sustancia que no había estudiado suficientemente; por eso le causó un sufrimiento terrible a esta mujer. Ella no está muerta; se encuentra en un estado similar al sueño letárgico, con la diferencia que su conciencia se conserva entera. Tiene hambre, sed, siente el dolor de la herida y le aterra estar eternamente en este horrible estado.

Te voy a dar otra sustancia; no es el elixir de la vida, pero es suficiente para salvar a esta mujer. Te adjuntaré instrucciones detalladas por escrito para que actúes mejor. Solo diré que necesitarás ponerla en un baño caliente, no te asustes si ves que su herida sangra mucho.

Entonces la acostarás en una cama, vendarás la herida después de haberle aplicado el ungüento que te daré en la herida. Finalmente, verterás un poco de vino caliente en su boca, que estará fría y tendrá aspecto de muerta. completamente disipada, la mujer abrirá los ojos, pero caerá casi de inmediato en un sueño profundo, que durará no menos de tres días. Cuando se despierte, dale algo de comer, no carne, sino leche y verduras solamente. se ha recuperado totalmente, ella será capaz de hacer lo que quiere ahora. Ella volverá a su vida feliz y vivir mucho tiempo.

- ¿Ella tomó el elixir de larga vida?

- No. Narayana vertió el elixir en su herida. La acción del licor es muy diferente a la que tiene lugar cuando esta esencia se introduce en el estómago.

Ebramar se levantó y fue en busca de las medicinas. Al amanecer del día siguiente Supramati se despidió de Ebramar y se fue a Benarés. Nurvadi recibió con alegría profunda y sincera que tanto la movió y abatió su decisión de abandonar la India sin demora.

El amor sin límites de esta joven, la vida lujosa en el palacio encantado, la belleza de la naturaleza, todo contribuyó a mantenerlo, a pesar del remordimiento de su conciencia. El honor le ordenaba regresar a Nara y el amor por su prójimo exigió que liberara a la infeliz Liliana de los terribles sufrimientos.

A pesar de estas serias razones, el príncipe no abandonó Benarés, y el nacimiento de su hijo le hizo, por un tiempo, olvidar todo en el mundo. Un nuevo torrente de sentimientos inundó su ser y se sentía apasionadamente conectado a esa criatura, cuyos ojos brillantes lo fijaban con confianza y cariño. La idea de separarse de su hijo le resultaba dolorosa y pasaron otros seis meses antes que pudiera tomar una decisión de antemano.

Un día calculó que su estancia en la India había durado año y medio. Se sintió constreñido, avergonzado. ¿Qué pensaría Nara de él? Nunca supo de ella. Los sufrimientos de la infeliz Liliana también lo acusaban... Su deber era irse, sin más esperas. De vez en cuando volvería a ver a su hijo, nadie podía detenerlo.

Temiendo su indecisión, anunció a Nurvadi que un asunto urgente lo llamaba a Europa y que su partida se produciría en unos días.

Nurvadi, pálida, con los ojos llenos de lágrimas, no protestó.

Ella lo abrazó y murmuró entre sollozos:

- Me diste tanta felicidad que no puedo quejarme de nada. Me diste el regalo de tu amor y me dejas este niño, un recuerdo vivo de ti, y su educación llenará mi vida. Prométeme solamente que no nos olvidarás completamente viniendo a visitar a tu hijo, a fin que él conozca a su padre y pueda disfrutar de su amor y de su cariño, aunque sea raramente.

Profundamente movido, Supramati la estrechó en sus brazos y dijo:

- Te lo prometo, Nurvadi, que nunca los olvidaré y vendré aquí, cerca de ti y de nuestro hijo, cuando eso me sea posible. Tomo fotografías conmigo y me escribirás a la dirección que te dejo.

Apesadumbrado, Supramati se preparó para la partida. La inminente separación era inmensamente dolorosa para él. Y en ese momento se sintió completamente indiferente hacia su legítima esposa; la belleza de Nara se desvaneció, desapareció ante el sentimiento paternal que inundó su corazón.

De repente sintió un nuevo miedo: ¿y si su hijo moría? no lo volvería a ver y la infortunada Nurvadi estaría completamente sola, y los perdería a los dos. ¡Pero tenía los medios para hacer que su hijo fuera inmortal!

Tomó la decisión y se tranquilizó. La noche que precedió a su viaje, se dirigió silenciosamente a la habitación donde la criatura dormía plácidamente en su cuna, cubierta con una tela de seda ligera. Muy cerca, en el suelo, dormía su niñera hindú.

Supramati se arrodilló y miró a la hermosa criatura durante mucho tiempo. Sí, quería verla siempre hermosa y con buena salud, y le garantizaría la vida contra viento y marea.

Preparó una cuarta parte del elixir de vida que se le da a un adulto y lo puso, con ayuda de una cuchara, en la boquita rosada del bebé. La criatura se agitó en convulsiones, luego se estiró y se quedó paralizado. Blanco de asombro, Supramati lo tomó en sus brazos y, sin saber qué hacer, lo llevó a la terraza, esperando que el aire fresco le hiciera bien. Pero la criatura no se movió... su respiración se había detenido y ya no se sentía el latido de su corazón...

"¡Señor! ¿Lo maté? ¡Pero es imposible!" - Murmuró el príncipe, volviendo a poner a su hijo en su cuna.

Nurvadi notó, en ese momento, la ausencia de Supramati. Se levantó y, al no encontrarlo en la habitación, se dirigió a la habitación del pequeño. Levantó con cuidado las cortinas y vio al príncipe de rodillas frente a la cuna. La joven mujer pensó que el dolor de la separación había causado el príncipe para venir por última vez a contemplar a su hijo; ella sonrió feliz y se retiró sin hacer ruido.

Pasaron más de dos horas; dos horas de intolerable agonía. Por fin el príncipe tenía un suspiro de alivio. Un ligero rubor tiñó las mejillas de la criatura y su respiración se volvió regular y profunda, mostrando que estaba en un sueño normal.

A la mañana siguiente, triste, con el corazón apesadumbrado, Supramati salió de Benarés y pocos días después viajó a Europa.

Al llegar a París, prohibió a sus empleados divulgar la noticia de su llegada. El príncipe sabía que el vizconde y todos sus amigos entrarían corriendo en su casa. Quería estar tranquilo y libre, al menos por unos días.

Descansó, comió y luego se encerró en su habitación, impidiendo que sus sirvientes lo molestaran bajo ningún pretexto.

Luego tomó el cofre de cedro que le había dado Ebramar y lo abrió. Allí encontró un frasco grande lleno de un líquido incoloro, un bote de ungüento que parecía cera, pero suave al tacto, y finalmente dos ampollas, una verde y otra roja. El mago incluso había puesto un papel que contenía instrucciones precisas para el uso de los distintos medicamentos.

Leyó detenidamente y con frecuencia todas las recomendaciones, luego presionó el botón secreto para abrir el costado de la pared y entró en las habitaciones de Liliana. Nada había cambiado.

Supramati encendió todas las velas y lámparas, preparó las sábanas, las vendas, la cama, todo lo que necesitaría. Abrió los grifos de la bañera y la llenó de agua caliente.

Luego se acercó al ataúd de cristal y quitó la tela que lo cubría. Liliana apareció como ya la había visto. Pero, ¿cómo sacarlo del ataúd herméticamente cerrado y lleno de un líquido que podría dañarse a sí mismo?

Después de pensarlo mucho, regresó a su habitación, se puso altas botas impermeables, guantes de cuero y se armó con un martillo y tenazas. Acomodó la manta cerca del ataúd y colocó una canasta llena de arena al nivel de la mano que encontró en el armario. Luego de estos preparativos, Supramati golpeó la esquina del ataúd con un golpe de martillo, logrando romperlo y el líquido corrió ruidosamente por el piso. En ese momento rompió la tapadera de Liliana, que había perdido el peso corporal habitual, y la llevó a una habitación vecina en un sofá donde ya estaban las almohadas y las cobijas necesarias. Finalmente, Supramati cortó su camisón con unas tijeras, la levantó y rápidamente lo sumergió en el agua caliente de la bañera, cuidando, con la ayuda de una gran cinta, de mantener la cabeza de la niña fuera.

Fue entonces que se vio la herida, tomando la forma de una llaga sangrienta, ancha y profunda. Tal lesión, en condiciones normales, habría sido fatal.

Supramati contempló encantado el maravilloso y admirable cuerpo joven, de forma ideal, digno de un cincel de escultor.

El agua rápidamente se volvió de un hermoso color azul, y no habían pasado dos minutos cuando se observó un leve movimiento en el rostro inmóvil de Liliana; le temblaron las cejas, frunció la boca y un temblor nervioso recorrió sus extremidades. La herida se puso de color rojo oscuro, se abrió y brotó un chorro de sangre, negra como la tinta.

El agua se oscureció; un cuarto de hora después despedía un olor agrio y nauseabundo. Supramati vació la bañera, la llenó de nuevo y derramó allí el segundo tercio del líquido mágico. También corrió una sangre roja cuya cantidad, en condiciones normales, provocaría la muerte por desangramiento. Aun, ningún cambio funesto se produjo en la condición de la paciente. Por el contrario, el príncipe notó una respiración débil e irregular, pero claramente perceptible.

Un cuarto de hora pasó. Supramati vació el agua roja y vertió el resto del matraz en el agua nueva. Esta vez el agua permaneció azul y transparente. La herida adquirió la forma de una herida en proceso de cicatrización.

Entonces el príncipe llevó a la enferma al lecho, colocó una capa gruesa de ungüento sobre la herida y la cubrió con un paño desinfectado; luego le vendó el cuerpo con la sabia destreza de un médico, le secó cuidadosamente el cuerpo y el cabello, la envolvió bien, acercándola a las mantas, hasta el punto en que ella parecía más una momia, incapaz de moverse.

La acostó en su cama y la hizo tragar, con una cuchara, una porción del líquido incoloro que había en la botella.

Un escalofrío recorrió todo el cuerpo de la joven. Un grito terrible brotó de sus labios y abrió los ojos. Y en ellos, tan aterciopelados, grandes e inquietos, se reflejaba un dolor tan amargo, una oración tan intensa que brillaba silenciosamente, que el príncipe estaba aterrorizado; nunca había visto o conocido de una manifestación tan interior a través de la mirada.

La lástima se apoderó de él. Ebramar tenía razón: la deshonrada Liliana debió haber pasado por sufrimientos infernales. Pero el príncipe no tuvo tiempo para ninguna palabra, los párpados de la niña ya estaban cerrados. Liliana se quedó inerte. Pero esta vez su quietud se debió a un sueño profundo y reparador.

Bajó las cortinas de la ventana y, siguiendo las instrucciones de Ebramar, vertió el contenido de la ampolla verde en una palangana; al mismo tiempo, un perfume muy agradable se esparció por la habitación. Pero cuál fue el asombro de Supramati cuando vio un vapor verde saliendo de la palangana y dirigiéndose hacia la cama, penetrando el cuerpo dormido de Liliana.

El príncipe miró este extraño fenómeno por un momento, luego regresó al salón. Todo el trabajo había durado más de tres horas; Él estaba hambriento; se dio una ducha, cenó y se acostó feliz.

X

A la mañana siguiente, Supramati entró en las cámaras secretas para ver en qué estado se encontraba Liliana.

La joven siempre parecía inerte, pero su respiración era regular y su rostro había adquirido su color natural. Al príncipe le hubiera gustado ver el estado de la herida, pero no se atrevió a tocar a la enferma. Ebramar le había prohibido acosarla sin motivo serio antes que despertara.

Un vapor verdoso aun se elevaba de la palangana, expandiendo la pieza con un perfume cálido y refrescante, pero le producía una impresión irritante y desagradable.

Al día siguiente, Liliana durmió profundamente. Su sueño tranquilo reveló a alguien sano. Un color rosado que anima las mejillas y se había cambiado la posición en la cama. El príncipe quitó con cuidado las vendas que molestaban los movimientos de Liliana y luego pensó en la necesidad de vestirla cuando despertara.

Liliana evidentemente habitaba el castillo con Narayana. Pero, ¿dónde estaba su guardarropa? El príncipe, después de buscar un poco, encontró un armario y una cómoda con cajones llenos de ropa interior y artículos de mujer.

Supramati preparó todo lo esencial en una silla cerca
de la cama. Sirvió la mesa: vino, fruta y pasteles, por si
Liliana se despertaba durante la noche y tenía hambre.

Regresó al vestíbulo, se tumbó en el diván y fumó en
pipa. Se alegraba de sentirse libre, hasta el día siguiente, del
vizconde, sus amigos y Pierrette. Pero rápidamente sus
pensamientos regresaron a Liliana. Era necesario
reflexionar sobre formas de ocultar su presencia y evitar
comentarios que provocarían su inesperado regreso.
Finalmente decidió que ella dejaría el castillo por el
pequeño jardín; entonces aseguraría su futuro.

Se puso contento con la decisión tomada.

Cuando se levantó al día siguiente, bastante tarde,
escuchó pasos en la habitación contigua. Alguien estaba
luchando por abrir la puerta secreta. Sin llamar a sus
meseros, Supramati se vistió apresuradamente y abrió la
puerta. El armario estaba vacío, pero un soplo de aire fresco
provenía del dormitorio, sacudiendo las cortinas.

Supramati miró dentro de la habitación y vio a
Liliana de espaldas, cerca de la ventana abierta. Se dio
cuenta que llevaba una bata rosa y que su cabello estaba
ingeniosamente peinado. El príncipe la miró por un
momento, luego levantó las cortinas y entró en el
dormitorio.

Al oír el sonido de sus pasos, Liliana se volteó con
un movimiento rápido; sus ojos brillaron con un
sentimiento de odio tan intenso que Supramati retrocedió
sin darse cuenta. Pero al ver a un extraño, palideció y,
indecisa, se apoyó en el alféizar de la ventana. Esta

vacilación duró solo un instante. Temblando de emoción, Liliana dio unos pasos y gritó con voz dolorida:

- ¿Dónde está él? ¡El carnicero, que me torturó sin piedad! ¿Se está escondiendo, temiendo mi venganza? ¡Oh! pero es imposible! - Añadió la joven a su lado, apretando la cabeza entre las manos -. ¿Hay un tormento igual a los infernales sufrimientos que me hizo vivir?

- ¡Cálmate, Liliana! Ya no verás al que te ha hecho tanto daño; fue juzgado y el juicio fue más terrible que todas las venganzas humanas. Narayana ya está muerto. Descubrí su crimen por casualidad y el conocimiento que pude adquirir en la India me permitió restaurar tu vida.

Todavía temblando, Liliana escuchó el príncipe en silencio.

- Pero, ¿quién eres tú? - Balbuceó.

- Soy el hermano de Narayana y trato de reparar todo el mal que causó.

Una reacción funcionó visiblemente en Liliana. Su odio, su sed de venganza se derritió en sollozos convulsivos. Cayó de rodillas, tomó la mano de Supramati y la apretó contra sus labios. Él rápidamente le quitó la mano, la sentó en un sillón y le dio un trago para calmar la crisis nerviosa que sacudió el cuerpo de la jovencita.

- ¡Cálmate, infeliz! Tus sufrimientos terminaron y voy a asegurar tu futuro - Supramati dijo.

Los ojos de Liliana se encontraron con los del príncipe, llenos de bondad y comprensión. Su voz rica y dulce tranquilizó a la pobre chica.

- ¡Qué poco te pareces a tu hermano! Tu mirada no tiene la llama apasionada y cruel que había en sus ojos - dijo, secándose las lágrimas -. ¡Ah! ¡Narayana era un monstruo! ¡Solo Dios sabe lo mucho que él pudo hacerme sufrir...!

- Más tarde, cuando estés más tranquila y más fuerte, te pediré que me cuentes todo lo que sentiste durante tu sueño letárgico. La pregunta me interesa mucho.

- Con mucho gusto te lo contaré todo, mi magnánimo salvador.

Pero, ¿cómo murió Narayana?

- Un accidente en los Alpes. ¡Pero basta de cosas tristes! Ahora tienes que estar fortificada. Le traeré tu almuerzo de inmediato, luego abordaremos el problema esencial: dónde instalarte.

Supramati desapareció, luego vino con una comida preparada: leche, frutas, verduras, huevos, dulces. Dejó todo sobre la mesa, luego felizmente invitó a la joven a comer.

Liliana siguió todos sus gestos con una curiosidad que no pudo ocultar. Le agradeció calurosamente y luego almorzó. Su cuerpo estaba drenado, necesitaba comida. Estuvo a la altura de todos los esfuerzos de Supramati.

- Va a pensar que soy una glotona – dijo ella sonrojada.

- Después de un ayuno tan largo, tu apetito podría ser aun más grande. ¡En tu lugar podría haberme tragado un buey entero y bien gordo! - Respondió el príncipe riendo -. Ahora que se acabó, vayamos al salón.

Pasaron por el apartamento de Supramati.

- Debo decirle, señorita Liliana, que desde el día en el que Narayana la hirió, pasaron casi tres años…

Dejó escapar un grito y palideció.

- ¡Calma! Va a vivir mucho tiempo y ganar de nuevo el tiempo perdido. Yo simplemente quería para hacer que entendiera que después de tal una larga y misteriosa desaparición, no se puede mostrar a sí misma en mi casa sin despertar sospechas y malicia. Ya no puedes quedarte en este castillo lleno de terribles recuerdos. Voy a alquilar un departamento en la ciudad. Esta tarde un vehículo se detendrá en la puerta del pequeño jardín y te marcharás. Más tarde, se explicará, como quieras, su salida de París, y su regreso… A menos que prefiera evitar viejos amigos y vivir en soledad. Dime, ¿hay alguna otra ropa además de estas pocas que pude encontrar?

- Ciertamente. Hay una habitación cerca de las escaleras… no te has dado cuenta todavía… dos armarios y una cómoda están ahí…

- Muy bien. Busca los objetos más necesarios y sal sobre las ocho de la noche… ¡por ahora, adiós!

En las afueras, en una casa de campo, el príncipe encontró un cómodo y elegante departamento compuesto por cinco habitaciones con pensión incluida; lo pagó por adelantado al propietario, un anciano que vivía con su esposa en la planta baja.

El departamento de Liliana estaba en el primer piso de la casa, donde también había un pequeño jardín.

Por la noche, el príncipe alquilaba un coche; Liliana estaba lista, vestida con una ropa elegante ropa de la ciudad. El joven vio que llevaba todas sus compras en muchos paquetes grandes, algunas cajas de cartón y una pesada bolsa de cuero.

Le entregó a Liliana una billetera llena de billetes.

- Aquí está para sus primeras necesidades. Mañana o pasado mañana te visitaré y decidiremos tu destino. Pero como te sientes ¿Y la herida todavía me molesta?

- ¡Imagina que todo el dolor se ha ido! ¡La herida está completamente curada! Pero una mancha de color sangre me recordará durante mucho tiempo el último beneficio de Narayana.

- ¡Entonces vamos! Traeré tus cajas. Pero, ¿qué hay en este paquete pesado?

- Todas mis cosas preciosas.

El príncipe le dio la dirección al conductor.

- No olvides que tienes prohibido comer carne - recomendó Supramati a Liliana.

Esa misma noche, antes de acostarse, el príncipe llamó al intendente y, señalando la puerta secreta, aun abierta, le dijo:

- El laboratorio del difunto príncipe debe haber estado allí. Limpie y repare todo lo que esté roto. Mi dormitorio estará detrás de la biblioteca... Aquí se renovará todo. Yo mismo elegiré los muebles y las pinturas. Me caso pronto y la princesa se instalará aquí.

Desde que Liliana llegó a su casa, contó el dinero que tenía y, satisfecha, examinó su apartamento. Experimentó su primera decepción. Inmediatamente quiso cambiar los muebles, después de haberlos elegido a su gusto. Corrió a los grandes almacenes, llamó a los cerrajeros, contrató a una camarera y compró ropa nueva. En veinticuatro horas el apartamento cambió de aspecto.

Ese día Liliana se vistió con refinada elegancia. La cartera que había recibido bastaba vacía, pero ella no, no se preocupaba; recordó la promesa de Supramati de asegurar ricamente su futuro.

- Es bueno, guapo, mil veces mejor que Narayana - murmuró acercándose al espejo para arreglarse el peinado, una cinta, un pliegue de su ropa matinal.

Incapaz de controlar su impaciencia por más tiempo, abrió la ventana y esperó la llegada del príncipe.

Y llegó el príncipe.

Pronto se dio cuenta de todos los cambios que la joven había hecho en el apartamento; frunció el ceño y se preguntó ¿cómo una criatura como aquella podría estar todavía interesada en esas bagatelas, cuando terminó de ser liberado de una ordalía infernal, más terrible que la muerte? La cruel lección se había deslizado por ella sin haber producido ningún efecto...

Consciente de esta primera impresión, el príncipe no prestó atención a la belleza de Liliana ni a sus ornamentos; se dirigió a su habitación con fría reserva. La criada ya había puesto la mesa para el té.

De inmediato comprendió que Liliana estaba haciendo un esfuerzo por complacerlo. Por lo tanto, para poner fin a la coquetería de la joven, le preguntó:

- Tengo una petición para hacerle, señorita Robertson.

- ¡Oh! Estoy a tu servicio, príncipe.

- Es esto: ya les he hablado de mis estudios médicos realizados en la India.

El estado en el que la encontré me interesa inmensamente... Si esto no es doloroso para usted, por favor descríbame sus sensaciones durante su largo sueño letárgico. Quiero escribir sus valiosas indicaciones y estudiarlas junto con otras observaciones personales.

El príncipe sacó un cuaderno y un lápiz de su bolsillo.

- Le diré todo con mucho gusto - respondió Liliana enérgicamente -. Y, si quieres, te contaré brevemente la historia de mi vida.

- Sí, tengo curiosidad por saber qué provocó la hostilidad entre Narayana y tú... volviendo al intento de asesinato cometido por el príncipe.

- Mi madre era francesa, mi padre inglés. Sus vidas en casa fueron un mal ejemplo para mí y, a menudo, presencié escenas odiosas y repugnantes. Tenía cinco años cuando mi madre se escapó con un cantante italiano y me llevó.

Fue mi madre quien me enseñó a cantar y, gracias a un viejo amigo, tuve la oportunidad de debutar en un pequeño teatro. Más tarde canté operetas y tuve gran éxito. Mi madre eligió, ella misma, mis amantes y que sólo los más ricos fueron admitidos cerca de mí.

Llevaba dos años actuando, cuando una noche Narayana, "el *nabab*", como lo llamaba uno de mis compañeros, estaba en un palco del teatro. Cuando volví al camerino, encontré un magnífico ramo y un cofre conteniendo un adorno de alto valor.

- Aquí tienes un amante que tendrá que ser tu marido - señaló mi madre, examinando el presente -. Sé de porte severo para que no te abandone de repente.

Encontré bueno el consejo y lo seguí. Narayana se enamoró locamente de mí y mi resistencia lo exasperaba. Su adoración, sus regalos, me hacían el gusto, pero él mismo no me era simpático. Había algo en sus ojos que me dio miedo.

Finalmente, mi madre fue la que me vendió. Un día me dijo que el príncipe quería casarse conmigo, pero con la condición que se fuera de París... Narayana le dio una gran suma a mi madre para que se fuera a América. Y desde entonces nunca volví a saber de ella.

Narayana me colmó de oro y muy rápidamente me acostumbré a considerar la riqueza una felicidad superior a todas las demás. Las primeras semanas de nuestra unión fueron de un encantamiento sin mezcla. Nunca tuve tanto oro, diamantes, flores, éxito.

Narayana era bonito y me gustaba; me sentía un objeto de envidia general, pero había algo en la conducta del príncipe que me ofendía y me disgustaba.

Un día en que estaba particularmente alegre y tierno, recordé su promesa de casarse conmigo, que le había hecho a mi madre. Él se rio y, como era su costumbre, respondió con groseramente, con dureza:

- ¡La vieja bruja te mintió, cariño! Mujeres como tú no están casadas, solo tenemos sexo con ellas, lo cual, por cierto, va mejor.

Guardé silencio, pero la ira se apoderó de mi corazón, porque soñaba con convertirme en princesa. Esta sorda diferencia de opinión empezó a crecer entre nosotros; además, el carácter de Narayana se volvió cada vez más desagradable. Vivía horas oscuras. Fue entonces cuando exigió que yo también me confinara con él.

Fue por esta época que un joven italiano Ulpiano Roveri, empezó a hacerme la corte. Él era sensible, gentil y dócil, mientras que Narayana se mostraba estricto, cruel, terco. Me enamoré seriamente de esta maravillosa persona y me convertí en su amante, sin pensar que esta aventura terminaría tan trágicamente.

Cuando Narayana se enteró que Roveri era mi amante, tuvo una rabieta demente. Me exigió que dejara a Ulpiano para siempre. Me negué. Amenazó con matar al italiano. Así que declaré que definitivamente rompería con él para seguir a Roveri, y me consideraría libre de esa manera.

Loco de rabia, Narayana sacó de la mesa un puñal que había comprado unos días antes... Ni siquiera tuve tiempo de reflexionar sobre la forma de defenderme. La hoja había penetrado profundamente en mi pecho. Dejé escapar un grito y quise huir, pero las fuerzas me traicionaron y caí, sentí que mi sangre fluía en un flujo constante y luego me desmayé.

Un dolor terrible, imposible de decir, me hizo volver a mí mismo. Me pareció que un hierro caliente me atravesó la carne, abrí los ojos de nuevo.

Blanco, con la mirada vidriosa, Narayana vertió en mi herida un líquido. El dolor que sentí fue tan grande que todo se oscureció. De allí perdí la conciencia; un frío glacial y un peso de plomo endurecieron mi cuerpo. Solo mi herida siguió ardiendo como fuego.

No vi nada, pero sentí, fui consciente que Narayana me arrastraba por el suelo. Parecía haber perdido la razón, aullando insultos, blasfemando; luego, me cubrió abruptamente de besos apasionados; finalmente extendió yo en una sustancia líquida. Caí y un silencio de muerte reinó a mi alrededor...

Tenía la idea que vendría a enterrarme y, en mi espantoso miedo, quise gritar, saltar de allí, sacudirme el peso que, como una piedra, me aplastaba. Pero estaba completamente paralizada...

Liliana guardó silencio por un momento, recordando el pánico que había experimentado. Respiraba con dificultad y las lágrimas fluían con fluidez de sus ojos. Dominó su debilidad y continuó:

- Es imposible contar todo lo que puede sufrir un ser humano. Tenía hambre y sed; la noche y el silencio que me rodeaba me asustaba... y mi herida ardía siempre. ¡Me sentía mal solo de pensar! ¡Y siempre incapaz de un movimiento, de abrir los ojos, para aflojar los dientes…! Solo el infierno y los demonios podrían inventar una tortura así…

Un día… no puedo determinar la hora… escuché un ruido… alguien pareció romper la cerradura… luego la puerta se abrió… escuché pasos…

- Era yo. La casualidad me llevó a la parte secreta de la casa… Yo te vi en el ataúd de vidrio, pero pensé que estuviese muerta. Narayana llevaba unos meses muerto - interrumpió Supramati.

- Por un momento tuve la esperanza de ser salva. Pero cuando volvió a reinar el silencio, pensé que me había vuelto loca - continuó Liliana, secándose la frente empapada de sudor con una mano temblorosa -. Entonces quise rezar. Con toda la fuerza de la desesperación, invocaba a Cristo, la Virgen María, rogándoles que tuvieran piedad de mí, que me devolvieran la vida o me hicieran morir…

¡No sé si me oyeron! Una sensación de relativo bienestar me inundó. El ruido de cristales rotos me sacó de ese letargo. Luego me sentí transportada… Experimenté una alegría extrema, y cuando me puso en la bañera perdí el conocimiento. Pero en la cama mi conciencia se recuperó por completo. La herida ya no quemaba, y vi con asombro que estaba curada. Me levanté, me vestí, bebí un poco de vino, no podía comer porque mi boca aun estaba rígida, paralizada, no podría haber masticado. Todas estas sensaciones pasaron enseguida. Así que quise salir, pero la puerta estaba cerrada y no sabía dónde estaba el resorte secreto. Abrí la ventana y esperé. Pensé que Narayana vendría y me gustaría estrangularlo. ¡Pero viniste, oh mi salvador...! ¡Mi benefactor! ¡Seré reconocida mientras viva!

Liliana tomó la mano de Supramati y, antes que pudiera detenerse, la besó.

- ¡Infeliz! Entiendo todo lo que puede haber sufrido - dijo el príncipe, retirando rápidamente su mano -, ¡pero no exageres mis méritos y no maldigas a Narayana! Sufrió mucho también, y hay más: fue juzgado por un tribunal terrible que, siendo divino, no permite que ningún delito quede impune. Así que dejemos el pasado, señorita Liliana, y hablemos del futuro.

¿Qué vas a hacer? No pretendo ofrecerte ningún trabajo para ganarte la vida... No... Quiero garantizar tu futuro lo suficiente, para que seas completamente independiente; pero un ser humano no puede vivir sin una ocupación útil, sin un fin definido. Ahora, no a despreciar el trabajo... el trabajo es nuestros medios de perfección, o mejora del destino que estamos llegando...

Mientras el príncipe hablaba, un rubor brillante coloreó su rostro.

- Pero, ¿qué puedo hacer? - Dijo con cansancio. No sé hacer nada... ni siquiera sé escribir ni leer bien... mi madre siempre me decía que las mujeres hermosas no trabajan, viven del amor.

- Eres joven, hermosa... Encontrarás fácilmente un hombre joven y honesto para marido...

Liliana escuchó con los ojos bajos. Ella sintió que Supramati la hacía gentilmente entender que él no la deseaba como amante. Él la había salvado, le había garantizado un estatus independiente, pero al mismo tiempo indicaba una existencia honesta. Al principio luchó con todos los sentimientos contradictorios que la agitaban, luego bajó la cabeza abruptamente y estalló en sollozos.

La miró con lástima. Sabía que ella lo complacía, pero no podía amarla; su corazón todavía estaba lleno de Nurvadi, criatura dulce y amorosa, madre de su hijo. Solo quería salvar a Liliana.

- ¡Hasta luego, señorita Liliana! - Dijo levantándose.

- Trataré de vivir como desees - balbuceó con voz apagada.

Supramati apretó la pequeña mano temblorosa.

- Te lo agradezco. No podrías hacerme más feliz...

<u>XI</u>

Pasaron dos semanas. El príncipe, tan pronto como llegó a París, escribió a Nara, su esposa, y el silencio llenó su corazón con malestar y molestia. Su humor cambió. Su impaciencia pronto alcanzó su punto máximo, por lo que decidió partir hacia Venecia en tres días para ver la verdadera causa del silencio de Nara.

Esa misma noche, cuando se iba a acostar, le dijeron que había llegado un hombre con una carta.

El príncipe abrió el sobre con una emoción comprensible.

Esto es lo que le escribió Nara:

- *"No tengo prisa por responderte; supongo, no sin razón, que no te mueres de impaciencia por verme.*

No te prohíbo que vengas; ven si quieres. Solo que, en el nombre de Dios, no ofrezcas ningún sacrificio en el altar del deber. Si la sociedad de París te agrada, quédese. No seré aprensiva con esto. Estoy acostumbrada a considerar todas las cosas como la indulgencia desde este punto de vista: mi matrimonio con Narayana fue una escuela excelente.

Envío esta carta por correo fiel y le ruego que me transmita la respuesta a través de él.

Sé que es un anacronismo. Pero siguiendo una vieja costumbre, utilizo este medio de correspondencia, encontrándolo más cómodo y seguro que el correo ordinario.

¡Hasta que nos veamos! Depende de usted que nuestro reencuentro esté cerca.

Nara "

Esta carta dio lugar a los sentimientos más diferentes en Supramati. Decidió partir al día siguiente, en el tren de la mañana.

A su llegada a Venecia, sólo el intendente le dio la bienvenida en la escalinata exterior del palacio; le dijo al príncipe que Nara había pasado la noche en casas de amigos y lo acompañó a sus aposentos.

Cuando estaba solo, los recuerdos del pasado abrumaron al príncipe. Recordó la primera noche de su llegada allí; la indecisión manifiesta para cumplir su papel de príncipe inmortal. El hábito que se transforma. Ahora se sentía como un príncipe millonario.

El pasado modesto y pobre había dejado de ser una realidad para él. El futuro eterno se desplegaba ante él, llenando su corazón de un raro doble sentimiento: esta larga vida le parecía un regalo precioso, pero lo asustaba como una amenaza desconocida. Tenía miedo de lo que necesitaba saber, profundizar, conquistar, ya no siendo el médico insignificante con horizontes estrechos, sino convirtiéndose en el ocultista, el mago.

Supramati tomó la fotografía de Nara del escritorio y se desplomó en la contemplación de la niña cuyos grandes ojos lo miraban como si estuvieran vivos.

Revivió el encantamiento experimentado en
presencia de Nara. Las aventuras. Durante los últimos dos
años, todas las dudas y el horror se han desvanecido del
sentimiento fiel y consciente que era inmortal y el marido
de esta criatura misteriosa y encantadora.

Al día siguiente, Supramati se despertó muy tarde.
El ayuda de cámara Gracioso vino a decirle que Nara lo
estaba esperando para desayunar.

Nunca, desde los días en que supo que llegaba tarde
al servicio del hospital, Supramati se había vestido con tanta
prisa. Gracioso lo llevó a los aposentos de Nara que aun no
conocía.

El servidor finalmente levantó una pesada cortina
de terciopelo azul y se alejó discretamente. Supramati entró
en el *boudoir* de Nara. Era una pieza grande, de estilo
renacentista. En medio de la habitación, sobre una mesa con
patas talladas, estaba el café para dos. Cerca de la gran
ventana abierta que daba al canal, Nara estaba sentada en
un pequeño diván.

La princesa vestía un camisón blanco de batista de
lino. Miró pensativa el canal por donde se deslizaban las
góndolas y se volvió cuando entró el príncipe. Sus grandes
ojos brillantes lo miraron con una expresión traviesa.
Instantáneamente se puso rojo. Y sin darse cuenta de la
mano que se extendía hacia él, Supramati se sentó junto a
Nara, la atrajo hacia él y la besó en la boca.

Ella no pudo resistirse, pero no le devolvió el beso. Se enderezó, se apartó del abrazo y habló en tono burlón:

- Veo, querido doctor, que fue a una buena escuela; la práctica no le faltó y aprendiste a actuar hábilmente con las mujeres.

Nara se levantó y se acercó a la mesa. Tomó una taza y se la entregó al príncipe.

Él se negó; se acercó a ella y le besó la mano.

- Eres una criatura enigmática - dijo. ¿Quieres hablarme de tu pasado o primero debo ganarme tu confianza?

Ella pensó por un momento.

- Contaré mi historia el día de nuestro matrimonio, así como me darás detalles de la muerte de Narayana. Esta será una lección terrible para ti.

- ¿Y cuándo será este feliz día? - Preguntó el príncipe, mirándola suplicante.

- En realidad yo debería tener mi venganza y retrasar la ceremonia, porque no expresa ninguna prisa para mí para revisar y para celebrar este "día feliz" - dijo ella burlonamente.

Al notar la confusión y la tristeza de Supramati, agregó.

- Afortunadamente no guardo rencor. Hemos
honrado la memoria de Narayana y podemos pensar en
nuestro futuro. Así que creo que es posible arreglar el día
de nuestra boda. Tendrá lugar en dos semanas. ¿De
acuerdo?

- ¡Oh! ¡Ciertamente! - Respondió Supramati
encantado.

- ¡Y ahora te veré en la cena! Tengo mucho que hacer
- dijo Nara, tendiéndole la mano.

XII

Pasaron dos semanas como un sueño y finalmente llegó el día de la boda.

Supramati se volvió cada día más apasionado. La inteligencia y la belleza de Nara lo conquistaban, lo embriagaban; sin siquiera dudarlo, estaba cada vez más sujeto a su influencia.

Durante la ceremonia Nara parecía una visión celestial con su largo velo y su guirnalda de flores desconocidas, similares al lirio, pero más pequeñas y con un cáliz fosforescente. Su rostro se tornó grave y concentrado, lo que hizo que Supramati creyera que estaba rezando con fervor.

La tarde pasó feliz. A las diez en punto los invitados se fueron y los jóvenes prometidos se dirigieron a sus respectivos apartamentos para cambiarse de ropa. Una hora más tarde, Supramati entró en su dormitorio compartido, amueblado con lujo real.

Era una pieza muy grande, forrada en raso blanco. Cuando Supramati entró, Nara todavía estaba sentada frente al *boudoir* tocador, todo decorado con encaje. Llevaba una túnica de tela hindú, con mangas anchas y abiertas; la camarera acababa de terminar de peinarla y su opulenta cabellera, como un rayo de luna, caía en una masa sedosa sobre la alfombra.

Cuando su esposo se acercó, Nara se levantó, le pidió a la criada que se fuera y, sentándose en el sofá, le tendió la mano al príncipe. Supramati se arrodilló y besó apasionadamente a su joven esposa.

Ella también lo besó, luego preguntó con una expresión burlona:

- Ahora que estamos casados por segunda vez, ¿no te gustaría que te contara la historia de mi vida...? Te interesa tanto...

- Primero que nada, no quiero escuchar de tus labios ese tono ceremonioso con el que me tratas.15 Por tanto, para ser honesto sin embargo un gran interés, que tengo en el pasado, yo prefiero esto... Yo prefiero el tiempo de amor al momento de la revelación, respondió el príncipe con pasión.

(1) En el original francés ella lo trata de tú.

- Eso es muy masculino... eternamente su egoísmo natural... la satisfacción de su "yo" siempre ocupa el primer lugar - respondió Nara, sonrojándose levemente, lo que le dio un encanto muy especial a su rostro pálido y transparente.

Supramati quiso responder, pero de repente palideció y todo su cuerpo tembló; él pensó que vio la cabeza y los ojos negro de Narayana dibujados en la cubierta de la cortina, mirándolo con una infernal crueldad.

- ¡Cálmate Supramati! El hecho de ver a Narayana no debe asustarte - declaró la joven, acercando a su esposo.

Luego se levantó e hizo un gesto evocador. Justo frente a la mirada de sorpresa de Supramati, se dibujó una señal similar a un rayo de luz.

- ¡Mira! Aquí está el signo de la Magia Blanca que sirve como barrera infranqueable para todo espíritu impuro. Para poder invocarlo debes haber subido al menos el primer escalón de iniciación superior - dijo Nara, sentándose nuevamente junto a su esposo. Un hechicero solo puede formar el pentagrama... el mago lo lleva sobre su pecho como símbolo de su poder absoluto sobre la Magia Negra, derrotada por la cruz.

- ¿Estás diciendo que este signo sirve como una barrera para los espíritus impuros y que Narayana es entonces un espíritu impuro? ¿Y cómo sabes que se me apareció? - Balbuceó Supramati, pasándose una mano por la frente sudorosa.

- Sentí su presencia. Narayana era un criminal... desde el punto de vista científico, era un hechicero de poco valor, pero muy útil para los espíritus elementales que dominaba, ya que tenía la esencia preciosa que les permitía infundir fuerza vital sin que encarnaran en un cuerpo... Si te contara todas las fantasías criminales que inventó Narayana, creerías que estás escuchando un cuento de las mil y una noches. Así, hace cien años, en Nápoles, vivía una famosa cantante a quien a Narayana le gustaba mucho oír cantar; no sé de qué murió esa mujer, pero creo que fue el amor de Narayana lo que la acabó. El príncipe no juzgaba lo contrario... Podía hacerle el amor y esconder su cuerpo en un ataúd que siempre llevaba consigo. Y cuando quiso, arrojó una mezcla de aromas y esencias primitivas sobre un trípode encendido, dando una especie de vida a la desafortunada criatura y haciéndola cantar para divertirlo.

Un día Narayana estuvo ausente. Yo entré por casualidad en una pieza secreta, todavía saturada de esos terribles perfumes. La desdichada luchaba en horribles sufrimientos. Mitad espíritu, mitad viva, en la que una fuerza infernal aun la ataba al cuerpo en descomposición.

¡No puedo vivir ni deshacerme de este cuerpo espantoso! - Gimió la niña en un sufrimiento indescriptible, llenándome de lástima.

Inmediatamente me ocupé de liberarla. Al principio abrí las ventanas para eliminar todos los olores de las hierbas y perfumes. Y cuando el contacto con el aire puro, el cadáver tomó su inmovilidad total, yo lo destruí, gracias al fuego eléctrico del cual me sé servir. Deposité las cenizas en una capilla, y en el mismo lugar donde encontré el cuerpo, dibujó una cruz astral, para impedirle a Narayana que aun persiguiera al espíritu de la pobrecita.

Esta acción me valió una escena marital muy tormentosa, pero todo ya estaba consumado...

No sé, Supramati, si has entendido correctamente lo que te he dicho. Es muy difícil hablar de todas estas extrañas leyes y las virtudes de esta esencia primitiva, pero, comenzando la iniciación, Dakhir te explicará las cosas, gradualmente.

- Sí, Nara, lo entiendo... He leído muchos libros sobre fenómenos ocultos y sé cómo funcionan las larvas, los vampiros y las apariciones, y no ignoro que hay misterios extraños y terribles "del otro lado." Pero es un secreto que no pudo penetrar - reconoció el príncipe, tras el único momento de reflexión -. Narayana me eligió a mí, a mí, un médico desconocido y pobre, para sucederlo en este trabajo que me asusta. ¿Por qué?

Una enigmática sonrisa apareció en los labios de Nara.

- Las razones de esta elección son incluso numerosas. Narayana quería que su sucesor fuera honesto y aspirara al conocimiento oculto. Además, el hombre debería estar enfermo, ya que su sangre podría ser el conducto de la muerte. Cumpliste estas condiciones. Entonces, a través de la clarividencia, gracias al elixir de la larga vida, Narayana, desde que te conoció, vio la luz astral brillando en su frente en forma de flecha de fuego.

- ¿Sabías que quería morir? - Preguntó Supramati.

- ¡Sabía que debía morir! No importaba a qué hora eligiera morir. Él, un iniciado, disfrutaba de la compañía de las almas venales. Incluso había golpeado a su amante y había matado a su rival con un puro envenenado.

- Dices que el elixir de la larga vida trae clarividencia. ¿Por qué este don no evolucionó en mí?

- Porque no has desarrollado todas las facultades latentes en ti... ¡Pero ahora estás asustado, pálido y angustiado, querido! Así que dejemos todo este mundo escondido para otro momento... seamos simples mortales, llenos de amor y sedientos de felicidad... como todas las criaturas terrenales mortales que nos rodean - agregó Nara, mirando a su esposo con ternura y descansando su cabeza en su hombro.

Inundado de felicidad, Supramati olvidó
instantáneamente sus dudas, sus miedos y los mil
problemas que lo atormentaban. No vio nada más que los
ojos aterciopelados de Nara mirándolo con amor y sus
sonrientes labios rojos. Supramati la abrazó
apasionadamente y le susurró:

- Yo te amo, Nara, y juro a amarla para siempre,
solamente a ti, y tenerte como una guía en el camino sobre
la vida que debo recorrer...

Los días pasaron como un sueño encantador. Nara
era tan cariñosa y sensible que Supramati la adorada, la
veneraba cada día más. Y las horas que pasaba lejos de ella
parecían robarle la felicidad.

En cuanto a Nara, parecía feliz. El éxtasis amoroso
de su joven marido la divirtió cuando le dijo, besándola:

- ¡Olvida el pasado, Nara, olvida tus conocimientos!
No me hables de misterios o iniciación. Solo quiero amarte
y hablar de amor.

Sin embargo, la impresión que le causó su
conversación con Nara en su noche de bodas, y la aparición
de Narayana, había conmovido demasiado al príncipe para
que él lo olvidara. Y más de una vez interrogó a su esposa
sobre otros hechos que consideraba inexplicables.

Un día, hablando de su visita al glaciar suizo donde
se habían encontrado, recordó a Agni. Y le preguntó quién
era ese extraño sirviente.

- Un espíritu elemental, materializado por uno de
sus predecesores, un Narayana Supramati también -
respondió Nara. Debo decirte que toda la serie de los seres

que llevaban ese nombre se compone de completos pícaros; y, sin embargo, todos los fueron gerentes y financistas notables, sólo ansiaban hacer inagotables sus tesoros que adoraban derrochar.

Uno de los primeros "Narayana" manifestó un espíritu particularmente inventivo al respecto. Un hechicero muy poderoso, usó elementales para vaciar y rellenar los pozos que viste. Con ese fin buscó los tesoros escondidos bajo la tierra para poseerlos...

Tal vez sepas que cada lugar donde se guarda semejante tesoro secreto está protegido por guardias, espíritus deseosos que lo vigilan y defienden con celo extremo. Agni era un espíritu que también cuidaba una rica mina de oro. Arrastrado por su codicia, un día mató a su señor, el poseedor del oro y las piedras preciosas que ocultaba, enterrándolo más profundamente en la tierra. Pero su crimen lo condenó a quedarse en los lugares donde se encontraba el fatal tesoro.

Cuando el "Narayana" del que te hablo quiso apoderarse de estas riquezas y transportarlas a su glaciar, Agni protegió su propiedad con tal energía y fuerza que Narayana tuvo que usar todas sus fuerzas para conquistarlo. Así que Agni acompañó a "su" oro y se asentó en los glaciares, y Narayana encontró útil tenerlo cerca como un guardián y sirviente devoto y fiel.

Con este fin, hizo quemar bajo el hielo el perfume mezclado con la esencia - ya te dije al respecto de la cantante de Nápoles. Bajo la acción de las corrientes vitalizadoras, Agni se hizo visible y encarnado como para poder disfrutar de una parte de los privilegios de los encarnados. En una palabra, se convirtió en un ser doble: ni un hombre completo, ni un espíritu libre. Así habita el glaciar, custodiando, por codicia, el oro cuya sola visión lo alegra…

Todas estas historias de Nara que le revelaban al príncipe las profundidades de la ciencia siempre nueva, lo conmovían fuertemente y lo inquietaban. La figura de Narayana empezó a tomar medidas fantásticas y aterradoras. Y como ese Supramati estaba solo, el recuerdo de ese hombre lo perseguía con una obstinación enfermiza.

Una tarde, cuando Nara estaba entreteniendo a una señora que vino a visitarla, Supramati se retiró a su biblioteca. Abrió un cajón lleno de cartas y varios billetes, mezclados con manuscritos antiguos y preciosos; encontró entre los papeles un gran medallón de marfil con un retrato de Narayana. El príncipe comenzó a observar, con curiosidad e interés, ese rostro de belleza clásica. Un reflejo demoníaco se escapó de los ojos, negros como la noche, y esa llama nociva correspondía por completo a la peligrosa imagen de Narayana que se estaba formando lentamente en el espíritu del príncipe. ¿Qué abuso había cometido? ¿¡Cuánto sufrimiento había causado!?

De repente, Supramati sintió una extraña sensación: ráfagas de aire cálido parecían emanar de todo su cuerpo. Su aliento ardía como fuego y un vapor rojizo se elevaba de sus manos.

En ese momento, una carcajada lo sacó definitivamente de sus meditaciones. Un helado escalofrío corrió a través de sus extremidades. Él palideció, se enderezó y miró a miedoso a su alrededor.

Una sombra se agitaba cerca de la biblioteca; se ensanchó, se espesó, se movió como un vórtice de humo. Entonces se definieron sus contornos y los ojos de Supramati se enroscaron con un terror comprensivo ante la alta figura de Narayana que se mostraba unos pasos de él como si se estuviese vivo.

Era más alto y delgado que antes; sólo sus ojos brillaban, como dos carbones encendidos, animando su rostro pálido de muerte. Y miró a Supramati con una mirada horrible.

- ¡Dame tu mano, Morgan! ¡Dame un poco de calor! ¡Me muero de frío! - Pronunció bruscamente, acercándose aun más y extendiendo su mano blanca de uñas azules.

A pesar del temor causado él por este espectro extraño, real, vivo, Supramati ya levantaba una mano. Su voluntad estaba paralizada por esa mirada que lo atravesaba, lo dominaba, lo aniquilaba.

La mano de Supramati estaba a punto de tocar la del fantasma cuando Nara entró en la habitación.

La esposa de Supramati llevaba un bastón nudoso. Rápidamente se colocó entre su marido y Narayana. Luego el espectro se tambaleó y dio un paso atrás, y de sus labios salió un silbido semejante al de la serpiente. Una llama verdosa brilló en sus ojos muy abiertos y su rostro convulsionó de disgusto.

- No lo contamines con tu toque - dijo Nara con rigor -. Sufres lo que te mereces.

El fantasma se desvaneció, desapareció por la chimenea, dejando un aliento de cadáver asfixiante en la habitación.

- ¡Señor! ¡Pero él vive! - Gritó Supramati, que miró petrificado la rara escena.

Nara negó con la cabeza.

- No. Él no es más que un vampiro que se alimenta de la sangre de otros, y que tienen hambre y frío. Vámonos rápido. Necesitas abrir las ventanas y limpiar el aire.

Supramati se mareó y una fuerte opresión se inclinó sobre todo su cuerpo. Agonizado y pálido, se apoyó contra la pared.

- ¡No tengas miedo! - dijo Nara, colocando su mano perfumada sobre la frente empapada de sudor de su marido -. No puede hacerte daño... Siento su acercamiento desde lejos y tengo el poder de controlar su ira. Demos un paseo a la luz de la luna para disipar esta dolorosa impresión.

Durante unos días el recuerdo del rostro convulsionado de Narayana atormentó a Supramati, tanta fue la emoción que provocó una escena tan violenta. Le pareció que veía la sombra maligna por todas partes.

Nara bromeó dulcemente, y fue amable con el nerviosismo de su esposo, tratando de divertirlo por todos los medios. Entonces salían más a menudo, y cuando estaban solos, Nara le contaba los hechos más curiosos que había vivido a lo largo de los siglos. El príncipe olvidó su aflicción y escuchó con éxtasis. Nara siempre se negó a contar la historia de su vida, que esperaba con cierta ansiedad.

Desde su última aparición, el vampiro Narayana
había venido todos los días para alimentarse de sangre
humana.

¿Piensas darle de comer siempre? - Preguntó el
príncipe a su esposa un día, cuando el recuerdo de la
horrible vista lo atormentó más de lo habitual.

- Naturalmente, le sirvo todos los días en el cuartito
contiguo a la biblioteca - respondió Nara -. Ven conmigo
esta noche y lo verás matar el hambre.

El príncipe palideció. Se estaba negando, cuando
Nara le dijo en tono de reproche:

- ¿No te da vergüenza, Supramati, dejar que tus
nervios te dominen?

No se atrevió a confesar el pánico que se apoderó de
él.

- ¡Está bien! Iré contigo - dijo con voz insegura.

- Puedes subir con valentía. En mi presencia,
Narayana pierde poder. De hecho, no vamos a entrar en la
pequeña habitación, solo miramos por la ventana que da a
la galería.

Esta pequeña habitación formaba la esquina del
palacio y era de tamaño mediano. Una de las ventanas se
abría al canal, la otra, opuesta, a la galería donde continuaba
el muro.

Poco antes de la medianoche, Nara vino a buscar a
su marido. Caminaron en silencio por la galería y se
detuvieron frente a la ventana, o más bien frente a la
abertura en la pared. Entonces se pudo ver claramente toda

la habitación, en medio de la cual había una mesa con la comida destinada al espectro.

Los rayos de luna argentinos iluminaron la fuente y el plato de cristal donde Nara había colocado el pan y la carne cruda.

Sintiendo un temblor nervioso sacudiendo el cuerpo de Supramati, Nara apretó su mano con fuerza.

Un sudor frío perlaba la frente de Supramati; un disgusto y un miedo invencible invadieron todo su espíritu. Él, nervioso, sacudió la manita de Nara. Sin embargo, luchó consigo mismo para superar la debilidad y se obligó a mirar la mesa donde debería aparecer el vampiro.

Fue repentino. Una sombra negra apareció en la abertura de la ventana y veló los rayos de la luna. En el mismo momento, el reloj del palacio dio las doce campanadas.

Silenciosamente, con la agilidad de un gato, el fantasma saltó al suelo y se acercó a la mesa.

Temblando de miedo, el príncipe miró la alta figura de Narayana vestida con un extraño atuendo gris oscuro. Su rostro pálido se veía aun más pálido bajo los rayos de luna. Sus ojos en sus profundas cuencas, como dos carbones encendidos. Una luz fugitiva roja fosforescente brillaba en su cabeza, permitiéndole ver dos pequeños cuernos perforando el espeso cabello negro del fantasma.

El espectro se lanzó sobre la comida con ímpetu, ansioso por comer. Pero debió haber sentido en ese momento que era observado; levantó la cabeza y fijó su mirada infernal en los dos espectadores. Una sonrisa espantosa curvó sus labios blancos. Un segundo se pasa en este intercambio de miradas, que pareció una eternidad para Supramati. El fantasma hizo un movimiento como si fuera a precipitarse hacia Nara y su esposo, pero pronto hubo una señal en llamas, blanca como la nieve, bloqueando el camino del fantasma.

Narayana retrocedió. Parecía tener dificultad para respirar; un extraño silbido salió de sus labios, su boca se abrió y mostró sus afilados dientes blancos como los de un lobo.

La señal mágica avanzó, arrastrando el espectro hacia la ventana; el fantasma se retiró, todo inclinado, casi arrastrándose con la misma agilidad felina que de repente saltó por encima del alféizar de la ventana y desapareció.

Supramati sintió que se desmayaba, la tierra se deslizaba bajo sus pies; luego se sintió caer en un abismo y perdió el conocimiento.

Cuando volvió a abrir los ojos, se encontró tirado en el suelo de la galería. Nara estaba arrodillada a su lado, sujetándole la cabeza y dejándolo respirar en un pañuelo de agradable aroma.

El príncipe se levantó rápidamente y tartamudeó, sonrojándose de vergüenza:

- ¡Nara, perdóname esta indigna debilidad! Realmente no sé qué me pasó.

- ¡No hay excusa para esto! - Respondió Nara sonriendo dulcemente -. A menudo es difícil dominar los nervios. Pero aprendes con el tiempo. Es una ciencia que está aprendiendo cómo todas las demás. Ahora también vamos a cenar y luego a la cama, porque necesitas descansar.

A pesar de todas las explicaciones y precauciones de Nara, tendiendo con su marido la alegría a suavizar los ataques, Supramati permaneció taciturno y angustiado. Por la noche no podía dormir, no dejaba de meditar sobre lo que había visto esa noche. No podía perdonarse a sí mismo por haberse desmayado por el miedo que experimentaba, mientras que Nara, una mujer, estaba tranquila y triunfante gracias a su conocimiento y su educada voluntad.

Quería aprender a dominarse a sí mismo para no tener que sentirse más avergonzado frente a su esposa por su nerviosismo. Entonces, al día siguiente quería asistir a la comida de Narayana.

Pero el vampiro nunca volvió a aparecer.

<u>XIII</u>

Un día, después de la cena, los dos descansaban en una pequeña habitación de Nara. Caía una lluvia copiosa y continua; estaba húmedo y frío. Un buen fuego ardía en la gran chimenea de mármol, expandiendo el agradable calor de la habitación en un ambiente íntimo y agradable.

El príncipe y Nara, sentados en el sofá; contemplaron pensativamente las crepitantes llamas. Fue entonces cuando Supramati declaró:

- Esta noche parece hecha para una conversación reveladora. Sabes todo de mi vida... Siempre estoy esperando que me cuentes todo de la tuya, como me prometiste.

Nara se dejó caer en el sofá y cerró los ojos; se hizo un largo silencio y el príncipe lo respetó; por fin Nara se levantó.

- ¡Está bien! Revelaré todo lo concerniente a mi existencia a menudo secular... Mis primeros años se pierden en la noche del tiempo. Espero que no sea miedo de tener una mujer tan vieja...

Supramati sonrió nerviosamente.

- ¡Oh no! Todos los jóvenes podrían envidiarle una vejez como la tuya. Pero me parece que debe ser dolorosa para ti evocar el pasado y si es así, no me digas nada. El presente me dio tanta felicidad, que nada más exijo.

- ¡Tienes razón! Debo hablar de recuerdos dolorosos y terribles. Pero que importa. Quiero que conozcas mi vida. Estos acontecimientos tan lejanos no deberían impresionarme. Y; sin embargo, por una extraña virtud del alma humana, todo lo que ella vivió, sintió, experimentó, vuelve con la evocación del pasado; los siglos desaparecen y revivimos sentimientos olvidados.

Nací en Roma, en el año 202 a.C. La Segunda Guerra Púnica había terminado. Pero a pesar de la victoria de la República, el país estaba exhausto y muchas familias habían sufrido cruelmente.

Mi hermano, Cayo Marco Licinio, estaba al mando de una legión. Gravemente herido en la batalla, tuvo que abandonar el ejército de forma permanente.

Se instaló en Roma, en una casa modesta, cerca del Fórum. En esa época de costumbres estrictas, coraje cívico y patriotismo ardiente, Roma aun no era la ciudad de los palacios, del lujo insensato, de las riquezas colosales que sería más tarde. Sus ciudadanos eran fieles a la austera sencillez como en el siglo de los Césares, vivían el orgullo de sus costumbres afeminadas y fastuosas.

Aunque mi hermano era rico, llevaba una existencia muy modesta. Era un soldado rudo cuyas desgracias familiares lo habían hecho triste y misantrópico. Su primera esposa,

Fábia, le dio cinco hijos, cuatro de los cuales murieron jóvenes. Cayo se convirtió en el ídolo de mi padre.

Pasaron tres años; mi padre amaba a una joven Patricia, rubia como yo, y se casó con ella. Mi nacimiento le costó la vida a mi madre. Y creo que, a pesar de su amor por mí, mi padre nunca dejó de estar enojado conmigo por la muerte de la mujer que adoraba.

Crecí bajo el cuidado de una vieja esclava griega, Eurakléa. Esta mujer con un corazón de oro, me malcrió con muchos mimos, ella me enseñó su idioma; y el conocimiento de ese idioma debe haber sido fatal para mí.

Yo tenía seis años cuando ocurrió un hecho que decidió mi destino. Mi hermano Cayo enfermó; temía por su vida. Mi padre, loco de desesperación ante la amenaza de perder a su único hijo de diecisiete años, especialmente en vísperas del día en que se suponía que debía llevar la bata de la "edad viril", se hizo cargo del paciente él mismo y he aquí, un día, dormido junto a la cama de Cayo, tuvo un sueño que influyó en mi destino.

Se vio en el templo de Vesta. Una vestal estaba de pie cerca del altar de los sacrificios - era yo Y, mientras que yo atizaba el fuego, la propia diosa apareció:

"Tú me das a tu hija para que me sirva aquí, ya cambio yo doy la vida de tu hijo" - pronunció la diosa.

Me puso la mano en la cabeza y desapareció. Entonces mi padre notó una niña vestal en los escalones del altar; yo estaba junto a él, ¡una niña de seis años!

Mi padre consideró este sueño una orden de los inmortales. Había visto, incluso el día anterior, al gran sacrificador

elegir a un novicio. Sin dudarlo, fui a la casa del Gran
Sacerdote y le declaró que me consagraría al servicio de la
diosa Vesta, trayendo una rica dote al templo.

Todo sucedió según su deseo. Unas horas después la corona
verde de las Vestales rodeó mi frente y en el *Atrium-Regium*
me cortaron los rizos rubios con unas tijeras. Ella hablaba en
serio. Solo la separación de Eurakléa y mi padre me
entristeció...

Como para confirmar la verdad del sueño de mi padre,
Cayo fue sanado.

Viví en el templo y mi noviciado de diez años transcurrió
sin problemas.

Jovencita, mi belleza se hizo notoria. Hombres, mujeres y
niños se detuvieron a mirarme cuando, precedido por los
lictores, paseé por Roma con una litera abierta. Encontrar a
la vestal Licinia trajo felicidad. Y entre los jóvenes
ciudadanos y oficiales que se alejaron respetuosamente para
dejarme paso, más de uno me miró con entusiasmo y
pasión.

Yo me quedaba fría e indiferente con respecto a todos.
Conocía ahora la terrible responsabilidad que me exigía el
estado de vestal, era hábito de vida severa, todo por el gozo
de servir a la diosa. Me gustaba contemplar el fuego sagrado
durante las largas noches silenciosas. Y ya en aquella época,
a menudo creí ver diferentes sombras deslizándose bajo la
bóveda del templo.

Veía a menudo a mi padre; sentía, sin que él traicionase sus
pensamientos secretos, lo mucho que se arrepentía de haber
sacrificado mi vida, este sacrificio, de hecho, no había dado

los resultados que él esperaba, sin duda mi hermano vivía, pero su delicada salud le prohibió el servicio militar y su matrimonio se había vuelto estéril después de muchos años.

En el patio de la casa de las Vestales se encontraron estatuas de vírgenes que se habían distinguido por sus virtudes y bellezas. Mi padre quería que mi imagen también perteneciera a aquella colección. Con permiso del Gran Sacerdote, invitó para este trabajo con un escultor griego que estaba en Roma y gozaba de una gran reputación. Una de las cámaras de nuestra casa se transformó momentáneamente en un estudio; se suponía que el artista, que se llamaba Creonte, debía ir allí todos los días para trabajar en mi estatua por unas horas. Una mañana vino mi padre con el escultor, era un hombre hermoso de unos treinta años.

Desde que me vio, Creonte se detuvo por un momento como en un estupor. La expresión de profundo deleite que brillaba en sus ojos fue tan intensa que me sonrojé y bajé los ojos. Debo decir que, desde la primera mirada, Creonte produjo una impresión en mí que nunca antes había experimentado.

Pronto se recompuso y se puso a trabajar con fingida indiferencia. Mientras trabajaba la arcilla y Kvarta, una vieja vestal que siempre debía asistir a las sesiones, se ocupaba de tejer las guirnaldas para adornar el altar de la diosa, examiné a Creonte y lo comparé con otros jóvenes romanos que conocía. Todas las ventajas eran para él. Los antiguos romanos generalmente no se distinguían por la belleza, eran de tamaño mediano y constitución robusta, sus rostros más caras característicos eran angulosos y una cabellera rizada cubría su cabeza.

Este griego, en cambio, era alto, elegante, flexible como una vid. Las ondas de sus cabellos espesos, de un negro azulado, enmarcaban su rostro blanco y fino, del puro tipo griego, y sus ojos azul grisáceos expresaban la inteligencia y la sensibilidad del corazón. Cuanto más lo miraba, más me gustaba.

Un día tuve la idea de decirle que sabía griego. Estaba encantado y hablamos unas pocas palabras en ese idioma, muy poco, de hecho, ya que a Kvarta no le gustaba oírnos hablar en un idioma extranjero. Así pudimos romper el hielo y crear lazos de amistad. Creonte podía a veces insinuar una palabra con doble sentido y lanzarme una mirada furtiva que aceleraba mi corazón.

En una de las primeras sesiones vi a Creonte colocar sus instrumentos en una mesa detrás de Kvarta; y, de repente, yendo a buscar uno tras otro, se detuvo y estiró los brazos hacia la vestal, mirándola con una mirada inflamado... En sus esfuerzos, las venas en la frente se hinchaban.

Lo miré con asombro. Pero cuál fue mi terror cuando vi que Kvarta había cerrado los ojos y estaba durmiendo con la cabeza apoyada en el respaldo del sillón de caña.

   - ¡Creonte! Eres un brujo - murmuré. ¿Por qué hiciste eso?

Se acercó rápidamente mí.

   - Me gustaría que, al menos por un momento, estemos libres de este incómodo testigo... y yo quiero a

decirte, Licinia, que no puedo vivir sin ti... Tengo sed de
besar sus labios al menos una vez.

Sus ojos quemaban de amor. Y antes que tuviera tiempo de
responderle, se acercó, me abrazó y me besó
apasionadamente.

Luego fingió trabajar. Declaró que me adoraba y dijo que, si
yo correspondía a sus sentimientos, me arrancaría esa vida
terrible del templo. Uno de sus amigos ayudaría en este
empeño, un sabio hindú que le había enseñado cómo hacer
dormir a Kvarta, y nos daría la oportunidad de escapar. Yo
consentí en todo. Acordamos que él volvería a dormir la
vieja vestal dentro de unos días. Creonte entonces despertó
a Kvarta que, para mi gran asombro, parecía ni siquiera
recordaba que acababa de quedarse dormida.

Así que todavía vivimos algunos entretenimientos similares
a este; Creonte me anunció que el hindú nos estaba
ofreciendo un bote para escapar tan pronto como llegara a
Ostia. Había que tener paciencia durante unos meses.

Cuando la estatua estuvo terminada, despertó la
admiración general. Y mi padre, encantado, ordenó una
segunda a Creonte, para la Casa Vestal. Tan pronto como
terminara la obra, sería transportada a la corte de mi padre.

     - Y ahora, Supramati, si lo deseas, te mostraré la
estatua.

     - ¿Cómo? ¿Está en tu casa? - Exclamó el príncipe
espantado.

     - ¡Sí, en mi casa! Sabrás como lo salvé, siguiendo mi
narrativa. Ven.

Nara se levantó, fue a su habitación y, cerca del gran espejo, presionó un resorte secreto: una puerta se abrió en la pared. Ambos entraron en una pieza oscura; detrás de ellos la puerta se cerró.

De repente, se encendió una luz eléctrica en el techo y Supramati vio que estaba en una gran cámara redonda, sin ventana. En el medio, sobre un estrado elevado, había una estatua de mármol blanco inundada de luz eléctrica.

Un grito de excitación escapó involuntariamente de la boca de Supramati. Solo la mano de un gran artista, dirigido e inspirado por el amor, podría haber creado una obra simplemente perfecta. La vibración tembló que el mármol; los labios entreabiertos sonreían y los ojos profundamente hundidos daban la ilusión total de estar vivo, grande y negro, mirando a las personas presentes. Se adivinaban las formas clásicas de un cuerpo joven bajo los finos pliegues y la luz de la túnica artísticamente drapeada, como muy, delicada y transparente, recordando un tejido verdadero.

Profundamente conmovido, con el corazón hundido, Supramati miró fijamente la estatua. Creyó reconocerla. Y el mismo fenómeno se repitió cuando vio a Ebramar por primera vez. En ese momento, imágenes de ciudades desconocidas, casas, diferentes personajes le vinieron a la mente con enorme intensidad...

Luchando por dominar el sentimiento de angustia indefinida que lo oprimía, Supramati se hundió en la contemplación del rostro de la estatua. Sí, era incluso Nara, rastro a rastro; sin embargo, había una cierta diferencia que el príncipe no pudo determinar. Nara era más delgada, su expresión había cambiado, y le faltaba todo el encanto que respiraba este rostro de mármol.

- ¡Nara! Eres tú... y no lo eres... - Tartamudeó el príncipe. Recostada en la pared, soñadora, Nara se estremeció y se enderezó.

- ¡Es verdad! Soy Nara, ya no soy Licinia. Mis rasgos ya no remiten al descuido de la verdadera juventud y no tengo la frescura de un alma virginal, que ha olvidado el pasado, que ignora el futuro y que, incluso bajo el velo de una vestal, gozó ingenuamente del presente. Hoy en día, aunque mi belleza, mis ojos expresan la amargura de la experiencia de siglos vividos. Perdí los dones más preciados de la vida: disfrutar del presente y la esperanza del futuro. No olvido el pasado; sus heridas, el dolor que me hizo conocer, permanecen siempre vivos. Vamos... Continuaré con la narrativa porque quiero terminar hoy.

- ¿No sería mejor terminarlo aquí? Veo un sillón y un taburete. Me encantaría sentarme a tus pies. Será doblemente agradable escuchar tu historia, contemplando esta admirable obra que me parece tan extrañamente familiar y que me encanta.

Una sonrisa enigmática jugó en los labios de la joven.

- ¡Vamos a quedarnos! - Dijo simplemente. Evoquemos el pasado en presencia de este testigo silencioso y de todos los sucesos lejanos.

Cuando se sentaron, ella comenzó de nuevo:

- Te dije que mi padre había encargado una copia de mi estatua a Creonte. Pero desde esta vez trabajaba en un estudio organizado por mi padre, en su propia casa, Creonte y yo no podíamos vernos fácilmente. El amor fue entonces audaz y atrevido. A menudo, el escultor venía a hacer una ofrenda al final del día, cuando era yo quien estaba de servicio, nos encontrábamos en el jardín. Creonte llegó a la imprudencia de incluso saltar de la noche a la mañana la barrera interceptada; y perdí toda la razón, hasta el punto de violar mi juramento de virginidad...

Enervado por mi pasión, no pensé en absoluto que el castigo ya estaba sobre mi cabeza.

Un rival adivinado mi secreto. Era Ogulnia, vestal también, tan joven como yo, pero menos bonita e nada simpática por su propio carácter. Ella había estado celosa de mí durante mucho tiempo y, para mi desgracia, se enamoró de Creonte, si bien disimulaba este sentimiento de forma natural.

Los celos la hicieron clarividente. Ella podía imaginar en la mirada escultor su pasión para mí. ¿Habría conseguido apropiarse de uno de los rollos Creonte había conseguido pasar dos o tres veces? Ya no me acuerdo. En cualquier caso, ella descubrió la verdad, y para hacerme perder con más seguridad, eligió a un aliado doblemente peligroso: un sacerdote conocido por su severidad y el rigor de su comportamiento. Pero una pasión por mí brillaba en lo más profundo de su alma. Vi en sus duros ojos negros una llama que no me dejó ninguna duda, pero ocultó su sentimiento bajo una apariencia de redoblada austeridad.

Una noche todos dormían; mientras yo meditaba y sola custodiaba el fuego sagrado, Creonte vino a verme. Me dijo que nuestra fuga estaba cerca; su amigo hindú le había dicho que en doce días podríamos salir de Roma y comenzar una nueva vida en Grecia.

Feliz, me arrojé en sus brazos. Luego nos sentamos en un escalón del altar y hablamos sobre el futuro. De repente escuchamos gritos y antorchas encendiendo el santuario. Vi a la vestal mayor, Manlius - el sacerdote, Ogulnia y algunas vestales.

Estaba petrificada de miedo. Creonte desapareció en las sombras del jardín.

Me arrestaron de inmediato y me encerraron en un subterráneo. Me sorprendieron en el acto de un crimen por el que todas las vestales tenían que pagar con su vida.

Generalmente el juicio se realizaba el mismo día. Pero estuve preso más de una semana antes de comparecer ante mis jueces. Más tarde supe que se debía a la desaparición de Creonte; Manlio lo buscaba porque, según la costumbre, castigaba él mismo al criminal el mismo día en que su cómplice fuese enterrado vivo.

Finalmente comparecí ante el tribunal reunido en Régia. No pude negar mi crimen. Además, muchos eventos en Roma se habían producido situaciones desagradables durante las últimas semanas; un incendio provocado por un rayo, la muerte de un edil y muchos ciudadanos ahogados al cruzar el Tíber en barco. Me declararon culpable de todas estas desgracias, ya que, después del Gran Sacrificador, fui yo quien las provocó, sirviendo a la diosa con manos impuras.

Por unanimidad, fui condenada a ser enterrado vivo. Los sacerdotes llevaron mis cinturones sagrados de castidad, el velo y el manto de tela en sí de Vestal. ¡Después me colocaron en una celda oscura donde debía pasar el último día y la última noche de mi vida en la tierra!

Nara guardó silencio por un momento. Sus ojos se nublaron y sus labios se movieron nerviosamente. El recuerdo de aquellas horas de sufrimiento la oprimía visiblemente.

Supramati no se atrevió a romper el silencio. Él entendía todo lo que ella podía haber sufrido y, después de tantos siglos que aun era incapaz de hablar de ello sin emocionarse. Silenciosamente, él se inclinó y le besó la mano fría.

La niña se estremeció y se recuperó.

- Esta debilidad se apodera de mí siempre que evoco la memoria del dolor que viví entonces - dijo que ella estaba tratando de sonreír.

- No hables de eso... olvídate de este episodio - sugirió el príncipe con dulzura.

Nara sonrió y negó con la cabeza.

- No. Es una tonta debilidad. De hecho, esa muerte civil fue el origen de mi vida inmortal. Así que continúo.

Después de la cena, el Sumo Sacerdote entró en mi celda y, siguiendo la ley, me golpeó cruelmente con un látigo. Podría haber sido más misericordioso, pero se estaba vengando de mí por la fuga de Creonte.

Quizá por eso se me concedió un favor extraordinario: mi
padre pudo venir a verme de noche para despedirse de mí.
Había envejecido veinte años. No me falló, pero por primera
vez en su vida, lo vi llorar.

Me conmoví violentamente y, arrojándome en sus brazos,
estallé en sollozos. La presencia de la vestal mayor nos
impidió hablar abiertamente. Pero cuando me dejó, mi
padre presionó mi mano una vez más en su pecho y
murmuró de repente En mi oreja:

 - Rompe el pan que encontrarás en la tumba y
espera.

Mi corazón se hundió. Entonces tratarían de salvarme…
Alguna locura sugirió esperanza, y me sostuvo en la
desgracia y alivió mi tortura moral y mis sufrimientos
físicos. No cerré los ojos esa noche, pero el orgullo me dio
fuerzas, cuando llegó el alba, y vinieron a vestirme con el
sudario, luego me hicieron salir al patio y me llevaron en
una camilla funeraria.

Al ver la horrible basura negra, el carnicero, los lictores y
todo ese terrible aparato, me debilité y solté un grito de
desesperación. Entonces me agarraron, me llevaron en
camilla y todavía tuve que esperar a que me trajeran
almohadas para ahogar mis gritos que se suponía que no se
escuchaban fuera del templo, para no mover a la gente.

Pero ya no gritaba. No puedo expresar lo que estaba
experimentando entonces. El espíritu parecía exteriorizado
del cuerpo; mis oídos zumbaban y un frío helado paralizaba
mis miembros. Y, extrañamente, la noche a mi alrededor se
sentía como que se disipó; los apartaderos de la litera

desaparecieron y vi el Fórum lleno de una muchedumbre silenciosa y concentrada. Incluso hubo un momento en que percibí toda la procesión fúnebre y la litera negra donde estaba confinada... Entonces todo desapareció, débil y quebrantada, me vi en mi tumba y sentí el balanceo regular sobre los omóplatos de los porteadores.

Finalmente, la procesión se detuvo y me dejaron en el suelo. Cuando salí de la cama, me encontré en el lugar de la tortura. En la eminencia en la que me encontraba, percibí miles de cabezas a mi alrededor, pero los aldeanos parecían estar atrapados en el terror. Por otro lado, lo veía todo como a través de una niebla, como si un gran velo cubriera mi rostro.

El Gran Sacrificador se me acercó y, con los brazos alzados al cielo, pronunció las oraciones secretas propias de aquella ceremonia fúnebre. Luego, tomándome de la mano, me condujo al sepulcro y me dejó en el primer escalón de la escalera... en el fondo. Luego se retiró. Instintivamente aparté el velo que me cubría. Quería ver por última vez el cielo y respirar aire puro. Mi mirada suprema se posó en el Gran Sacerdote que se alejaba con todo el cortejo correspondiente. En ese momento vi al verdugo que quería sujetarme por las manos y hazme bajar. Aterrada, me solté y bajé sola... Al llegar a los últimos escalones, vi una lámpara brillando en mi tumba, cerca de un catre cubierto con una tela negra. Entre la angustia y la desesperación, me detuve. Me sentí mareada; ante mis ojos la noche se espesaba. Entonces debí haber perdido el conocimiento y caer, ya que ya no recuerdo lo que vino después. El carnicero quitó la escalera y cerró la tumba.

Tampoco sé cuánto duró mi inconsciencia. Cuando abrí los ojos y pude reflexionar, me encontré enterrada en un espacio cuadrado, de cinco a seis pasos de ancho y largo. Cerca de mi cama, en una mesa de piedra, una lámpara brillaba; una gran hogaza de pan, un ánfora llena de agua, una jarra de leche y un poco de mantequilla estaba allí. El aire era sofocante, pesado, dificultando la respiración. Me quemaba la cabeza, me palpitaban las sienes, me quité la túnica pesada de luto y me libré del velo.

Entonces, con mano temblorosa, corté el pan. Dentro había un objeto duro, un frasco, que contenía un líquido que parecía incoloro. Un papiro envolvía el frasco pequeño. Pude distinguir, con dificultad, las siguientes palabras:

"Busca en la pared opuesta a la cama un ladrillo con un triángulo y déjalo caer de la pared. ¡Confía, aunque te lleve mucho tiempo! Si te sientes muy débil, bebe el contenido del frasco."

Conmovida febrilmente, pero llena de nuevas esperanzas, palpé la pared y de inmediato encontré el ladrillo indicado. Fue muy difícil sacarlo de la pared... pero al fin lo logré. Apareció un vacío; saqué unas piedras y abrí un nicho profundo donde vi una gran canasta.

Temblando, la tomé y le quité el glaseado. La canasta contenía dos ánforas llenas de vino, otra llena de mantequilla, frutos secos, pan, miel y un gran trozo de carne asada.

Esos suministros serían suficientes para una semana, pero lo mismo me pregunté cómo entretener al fuego de la lámpara. ¿Y no moriría asfixiada en esa tumba, donde ya respiraba forzadamente?

No puedo expresar todos mis sufrimientos, todo lo que pasé hasta que llegué a la liberación. El aire se volvió cada vez más pesado; las provisiones disminuyeron, la mantequilla jugó hasta el final, y la salvación prometida no llegó... Los oídos se volvieron particularmente agudos; me pareció oír ruidos distantes de golpes, de gritos, de voces ahogadas. El pensamiento que está cavando una galería subterránea para llegar hasta mí, me trajo coraje y luché para seguir siendo fuerte, paciente. Pero las torturas físicas y morales finalmente destruyeron mi fuerza. Experimenté mareos, me asfixié, el sudor me debilitó; la lámpara se extinguió - ¿falta de aceite...? ¡Y el rescate no llegó! Evidentemente, el proyecto hindú no se había podido concretar. ¿Y si el vial que me habían dado contenía veneno para evitar los terrores del hambre antes de morir? Y llegó el momento en que comprendí que tenía que utilizar este tipo de benefactor... Mi cabeza parecía estar presionada contra un tornillo de hierro; me faltaba el aire. La lámpara no podía apagarse durante más de una hora; ¡morir en la oscuridad parecía más terrible!

En un esfuerzo sobrehumano, mientras mi cabeza giraba hasta el punto en que era imposible caminar, vertí el resto del vino en una copa de cristal que se encontraba en la canasta, agregué el contenido de la botella y me lo tragué de un trago...

Me pareció que estaba bebiendo fuego. Todo mi ser pareció disolverse en sus átomos constituyentes, caí en un desagüe negro e interminable... No sé qué pasó después. Cuando volví en mí y abrí mis ojos, estaba tirada en el suelo en una profunda oscuridad, no podía entender dónde estaba, ya no

podía recordar el horrible drama de mi vida y me sentía
llena de fuerza y energía.

Me acerqué... toqué un objeto frío - era la mesa de piedra.
Pronto el recuerdo volvió a mí y un grito de desesperación
insoportable salió de mi boca.

No estaba muerta. El frasco no contenía veneno y se suponía
que debía sucumbir lentamente a una muerte espantosa en
la tumba oscura...

No puedo entender cómo no perdí entonces la razón. Un
pensamiento único me obsesionaba: morir – ¡morir a
cualquier precio, tan pronto como sea posible! Traté de
romper un pedazo de mi túnica para estrangularme,
cuando, de repente, escuché el ruido agudo de golpes
golpeando el nicho.

Esta vez no me equivoqué, quitaron los ladrillos de la pared;
luego fue un chorro de luz que penetró en la tumba, y
finalmente las sombras de dos manos grandes que
ensancharon la abertura y se asomaron por encima de la
pared. ¡Fue la liberación! ¡La emoción y la felicidad me han
privado de la facultad del habla! Temblando pesadamente
y presa de una debilidad repentina, seguí sentada en el
suelo, mirando cómo avanzaba el trabajo.

Por fin se abrió el nicho y un hombre pasó por la abertura
baja y estrecha. Estaba vestido con una capa oscura y tenía
una linterna en la mano.

Creí reconocer a Creonte y solté un grito de alegría. Pero
cuando mi salvador colocó la linterna sobre la mesa y se
quitó la capucha que ocultaba su rostro, vi a un extraño cuya

majestuosa belleza llenó mi corazón con una sensación de entusiasmo y respeto...

El extranjero era más alto que Creonte. Su rostro bronceado se distinguía por la pureza clásica de sus rasgos. Mechones de espeso cabello negro y una barba corta y ligeramente ondulada enmarcaban su rostro. Un resplandor difícil de soportar brillaba en sus grandes ojos negros.

Su mirada se deslizó sobre mí con una expresión extraña, luego dijo con una voz agradable y resonante:

- ¡Pobre niña! ¡Se acabó tu calvario! Cálmate y ponte rápido la ropa que te traje. Debemos huir y no podemos perder el tiempo.

Se dio la vuelta, así que rápidamente me puse un traje de hombre.

- ¡Estoy lista! Pero no sé con qué cortarme el pelo – dije con voz temblorosa.

El extranjero se volvió y me miró sonriendo:

- Un hombrecito de verdad - dijo alegremente -. Sería una pena cortar ese hermoso cabello donde los rayos de la luna parecen vagar. Sujétalo en la parte posterior de la cabeza y levántate la capucha. Eso está bien. Ahora sígueme.

Entró en el estrecho corredor subterráneo, donde uno no podía caminar a menos que se agachara. Caminamos durante mucho tiempo. En mi impaciencia creí que el corredor nunca terminaría. Finalmente llegamos a una choza en ruinas, cuya puerta estaba cerrada.

El extranjero tomó una pala en un rincón y selló con tierra
la abertura por la que acabábamos de pasar. En pocos
minutos todo rastro de la entrada desapareció. El extraño
apagó la linterna y por fin salimos.

Nos encontramos en un campo y, por lo que pude juzgar,
bien lejos de las murallas de la ciudad. Era de noche y el
tiempo era espantoso. El viento silbaba y una lluvia
torrencial caía sobre nosotros. Entonces mi guía me tomó en
sus brazos y me cargó.

Después de una hora de marcha, llegamos a la orilla del
Tíber, donde nos esperaba una barcaza cubierta con cuatro
remeros.

Por fin, unas horas después, estaba a bordo de un gran barco
con destino a Ostia. El extranjero me condujo a un camarote
amueblado con lujo oriental. Vi una mesa ricamente servida
con manjares.

 - ¡Recupérate y luego vete a dormir! El reposo te es
necesario - dijo mi salvador, sentándome en un suave sillón
y llenando un vaso de vino.

Bebí el vino y comí. Mirando al extraño que me atendía, me
hablaba y parecía tan feliz, experimenté, en vista de todo
esto, un reconocimiento sin límites. Quisiera arrojarme a sus
pies, besar y agradecerle por haberme librado de un destino
tan horrible. ¡Se veía hermoso como un dios para mí!
Cuando sonrió, su rostro se iluminó con una expresión
privada y encantadora.

Cuando terminamos la comida, aplaudió. Una joven negra
llegó de inmediato.

- Esta es tu sirvienta. Te dará ropa de mujer y estará a tu servicio durante nuestro viaje. ¡Y ahora, adiós! ¡Duerme y descansa!

Quería preguntarte dónde y cuándo revisaría Creonte, pero no me atreví a proponer esto. Le agradecí todo el bien que había hecho y seguí a la joven negra que me condujo a otra cabina, no menos lujoso que la primera. Me vestí con una ropa hermosa, me extendió un sofá y dormí.

Nuestro viaje duró varias semanas. Parecía tan largo que a menudo me preguntaba si estaba condenada a viajar así toda mi vida.

Vi a mi salvador tres o cuatro días después de la partida. Estaba en el puente cuando pude salir de la cabina para respirar el aire fresco. A veces me invitaba a comer con él. Nuestro barco a menudo se detenía durante varios días en puertos diferentes, pero luego me quedé en mi camarote, finalmente llegó el momento de dejar el bote, viajar un rato en tierra firme, luego volver a subir a bordo para continuar con nuestro itinerario.

Cuanto más veía a mi salvador, más escuchaba sus patrones llenos de enseñanzas que me abrían nuevos y amplios horizontes, y más yo mismo me sentía irresistiblemente atraído por él. Lo veneré. Y la imagen de Creonte palideció cada vez más en mí. Cuando pude leer en los ojos oscuros de mi benefactor que yo también le agradaba, mi corazón latía más violentamente, sabía ahora que mi salvador, un sabio, habitaba en Alejandría y Atenas.

Y cuando un día finalmente me atreví a hablarle de Creonte, me respondió:

- Él está a salvo, pero no puedo llevarte con él, a menos que lo exijas y quieras dejarme.

Y el sabio fijó su mirada escrutadora en mí.

Negué con la cabeza y guardé silencio. No quería dejarlo. Me parecía que, al perder su ayuda inmediata, pronto caería en manos de mis oponentes.

Pero hubo un día que llegamos... Al amanecer, la negrita vino a mí para decirme que el Señor me recomendó que ponerme muy bonita. Y la chica sacó ropa y telas de la canasta que traía. Nunca había visto piezas tan hermosas y tan finas. Fueron tejidos de seda y muselina, cosidas con diamantes y perlas. Otras prendas estaban adornadas con piedras preciosas de increíble valor, ¡qué cosa hermosa había en esa canasta!

Cuando terminé de prepararme, la negra me cubrió la cabeza con un gran velo transparente y subió conmigo al puente. El paisaje que se ofrecía a mi visión me hizo gritar de asombro.

La tierra parecía un gran jardín maravilloso. Nunca había visto palmeras y ni siquiera podía imaginar todo el esplendor de un bosque tropical. No podía apartar los ojos de las grandes flores luminosas, toda esa naturaleza magnífica, la multitud y los elefantes reunidos en la costa, a lo lejos podía ver numerosas casas, una ciudad, por supuesto, y un inmenso edificio cuyos tejados y cúpulas dominaban los demás edificios.

La llegada de mi salvador me arrancó de mi vista. Su vestido no era el mismo; en lugar de la túnica de lino llevaba una prenda de seda. Collares y brazaletes ricos adornaban su cuello y brazos; un turbante de muselina ceñía su cabeza, una daga reluciente de piedras preciosas colgada de su cintura.

Una lancha nos llevó a tierra. En un idioma desconocido nos saludaron con exclamaciones de alegría y gritos, nos sentamos en un palanquín dorado, sobre el lomo de un elefante blanco. Hasta la trompa del animal estaba decorada con ricos ornamentos.

Pensé que estaba soñando, cuando me senté al lado del extranjero que comenzaba a considerar como un rey, y la procesión se puso en marcha. Incluso estaba confundida y emocionada con todo arremolinándose ante mis ojos; extraña vegetación, hombres bronceados con los ojos de fuego, el elefante, el palanquín...

Tengo un recuerdo muy confuso de esa primera gira por la India. Cuando nos detuvimos frente al gran edificio, una pagoda, nos llamó la atención su extraña arquitectura y sus estatuas con múltiples piernas y brazos que parecían hombres araña para mí, la única impresión profunda que experimenté fue causada por la vista de los bailarines y faquires desnudos o mutilados.

Salimos del podio. Mi benefactor tomó mi mano y entró en la pagoda donde los sacerdotes y cantantes, a quienes tomé por sacerdotisas, nos recibieron. Sirvieron en miel y raíz de cúrcuma mi salvador me puso un anillo en el dedo. Luego, levantando mis brazos, hizo tres veces para devolver el fuego que crepitaba en el altar.

Solo mi ignorancia y mi emoción me impidieron comprender que se estaba celebrando nuestro matrimonio.

Luego dejamos la pagoda, tomamos nuestro lugar en el podio y nos retiramos a un palacio rodeado por un vasto jardín, mucho más lujoso que el castillo de Narayana en Benarés.

Las mujeres me recibieron y me llevaron a una pieza espléndida, amueblada con un lujo tal que estaba literalmente ciego de la mente. Solo si a través de oro, esmalte, piedras preciosas y tejidos bordados desconocidos. El parque apareció a través de un amplio arco tallado: fuentes, arboledas en flor, mariposas y pájaros, que parecen diamantes en sí mismos.

Había vivido en la pobre ciudad de Roma, crecido en la severa sencillez de las vestales. La belleza, el esplendor de estos lugares, me daban la impresión de un sueño encantado; ¡me preguntaba si no estaría realmente muerta en la tumba, y si mi espíritu, perdonado por Vesta, no estaría visitando tierras benditas!

Fue la noche cuando mi salvador entró en la casa. Se dirigió rápidamente y sus ojos brillaba con amor disimulado. Me di cuenta más tarde que él sólo había presidido un banquete en honor de su regreso y su matrimonio.

Solo una cosa me inquietaba: finalmente quería saber la verdad. Arrojándome a sus pies, con los brazos extendidos, balbuceé:

	- Dime quién eres y dónde estoy? ¿Dime si estoy muerta o si estoy viva? ¿Qué significa todo lo que veo aquí?

El extranjero se rio, alegre e indiferente, como un simple mortal. Me hizo sentar a su lado en un diván, y dijo, mirándome con una mirada que me enardeció por todos lados,

- Estás en la India, mi tierra soy Radja Vivachvata y ahora eres mi esposa. ¿Entonces no comprendiste que en el templo coloqué el anillo consagrado en tu dedo y compartí contigo la raíz y la miel santificada?

- ¡Oh! Murmuré. ¡Me elegiste a mí, una sacerdotisa indigna y criminal...!

- El sentimiento más humano y legítimo te arrastró a violar la ley de tu templo, y expiaste tu crimen con horribles sufrimientos. Creonte es más culpable que tú. Le prometí mi ayuda y le aconsejé que sea prudente con tu seguridad, hasta el día en que estuviera fuera de Roma. En lugar de seguir mi consejo, se abandonó a la pasión, hasta el punto de abrir el recinto del templo y obligarte a violar el juramento de virginidad, a los peligros de una muerte infame. Incapaz de salvarla, pero con muchas dificultades, está en un lugar seguro, en su tierra natal, pero te perdió y merece plenamente este castigo, así que olvídate del pasado que ya no existe.

La justicia del templo de Vesta está satisfecha. La vestal Licinia está muerta, pero tú, Nara, eres mi esposa hoy. Tu coraje, tu obediencia y tu remordimiento te hacen digna de mi amor.

Lo escuché como si fuera un sueño; la felicidad y la gratitud por un ser que vi como una deidad benéfica llenaron mi corazón. Tomé la mano de Ebramar, el sabio de Alejandría y Atenas, y la besé apasionadamente.

- ¡¿Ebramar?! - Exclamó Supramati, saltando. ¿El hombre que se casó contigo y el sabio Ebramar que conocí en el Himalaya son la misma persona?!

- Sí, el mismo. Como lo conoces, comprenderá mejor que mi sentimiento por él era especial; respeto y entusiasmo también son de amor... Pero cálmate, toma el nuevo tu lugar y escucha el final de mi historia.

Supramati, conmovido violentamente, volvió a sentarse a los pies de Nara. Y la joven continuó:

- Desde ese día mi vida transcurrió con tranquilidad, sin la menor nube. Fue como un sueño mágico, lleno de amor y trabajo científico.

Ebramar - lo llamaré así, ya que conoce su nombre - me instruyó en las primeras nociones de las ciencias ocultas. Creo que nunca un maestro tuvo un alumno más atento y devoto. A sus pies, en el gran laboratorio, yo escuché sus lecciones y... he aprendido todas las lenguas antiguas, conozco el sánscrito de los Vedas, el asirio, las lenguas más antiguas de Asia y Egipto, puedo leer los jeroglíficos y las inscripciones cuneiformes.

Ebramar fue un maestro bueno y paciente, pero muy severo. Requería celo y perseverancia. Yo misma debería hacer todo lo más perfectamente posible; todos le debemos la Ley de Perfección. Me estaba prohibido impacientarme.

No noté que el tiempo pasaba y, a medida que mis estudios se profundizaban, mi interés aumentó en los misterios revelados del pasado y el futuro.

Un día cuando estábamos trabajando como de costumbre en el laboratorio, Ebramar me apretó contra él y dijo:

- ¡Licinia! ¿No deseas ir a Roma y volver a ver a tu padre? Él está muy mayor. Su muerte se acerca y le prometí que te volvería a ver antes de morir.

Mi nombre de antaño repentinamente evocado, y que representaba recuerdos horribles, me hizo temblar. Pero el deseo de ver a mi desafortunado padre nuevamente se apoderó de mí.

- ¡Ciertamente me gustaría ver a mi patria y a mi padre! Sin embargo, tengo miedo que me reconozcan y que las leyes vuelvan a castigar - balbuceé con voz temblorosa.

Nunca había escuchado a Ebramar reír tan abiertamente como ese día, cuando respondió con malicia:

- Pero... ¿hace cuántos años atrás, según tú, salimos de Roma?

- Diez años - respondí un poco nerviosa, Ebramar seguía riendo.

- Tu respuesta, Nara, demuestra una vez más que el tiempo tiene alas muy rápidas para los que trabajan... ¿Sabes que han pasado cuarenta años desde el triste drama en el que fuiste la heroína? Tu padre tiene noventa y ocho y tú cincuenta y siete...

Solté un grito de asombro. Entonces era una anciana. Sin embargo, no me pareció que hubiera cambiado.

Miré a Ebramar. Él siempre se veía el hombre treinta años me podía librar de la muerte. Ningún cabello blanco plateaba su pelo negro como el ala de cuervo. La mirada estaba llena de vida ardiente, y la elasticidad de los miembros decían de su juventud, en la plenitud de su florecimiento.

Ebramar leyó mis pensamientos y respondió con una sonrisa:

- Cálmate. Que la vanidad no te ciegue, no... siempre eres joven y hermosa...

Luego sacó del armario y puso en mi mano un cristal hecho de una sustancia desconocida. Este espejo era mejor que los que usaba en Roma, todo metálico. Muy emocionada, miré mi imagen y me convencí que no había cambiado en nada, tanto como Ebramar.

- Mírate a ti misma; no tienes nada que temer de la justicia romana – dijo Ebramar -. Licinia tendría el pelo blanco, que sería una matrona doblada y arrugada, no es una adorable adolescente, ¡en las chispas de sus diecisiete años!

- ¿Qué es este prodigio? ¿Posee la ciencia el secreto de la eterna juventud? - Exclamé emocionada.

- Llegará el día en que esto tendrá una respuesta... Ahora ve y prepárate... Partimos hacia Roma en tres días.

No hablaré de nuestro viaje. En Alejandría nos vestimos con las costumbres griegas. Y Ebramar llegó a Roma como un sabio ateniense, acompañado de su esposa Eukharissa, listo para recibirnos.

¡Imagínate mis sentimientos cuando crucé las calles donde me habían llevado en una camilla funeraria! La impresión que produjo este recuerdo fue tan intensa que me desmayé, perdiendo el conocimiento.

La mañana de nuestra llegada, Ebramar anunció que mi padre ya nos esperaba y que podía ir a verlo por la tarde.

Al entrar en su casa, vi a un anciano flaco sentado en un sillón; parecía un esqueleto viviente. Junto a él estaba otro anciano, todo encorvado, barba blanca, rostro todo arrugado. Me pareció reconocer su mirada, pero no tuve tiempo de analizar mis impresiones, ya que ambos dejaron escapar un grito ahogado mientras me quitaba el velo.

Mi padre se conmovió tanto que se cayó en su silla y creí que se iba a morir. Caí de rodillas, lo abracé y lo cubrí de besos. Abrió por fin los ojos, tomó mi cabeza en sus manos y me miraba llorando. Después de haber dominado su doble emoción - la de verme después de tantos años y encontrarme joven y bella de nuevo - indica al otro anciano que estaba en silencio, apoyado en la pared, con la cara oculta entre las manos.

- Mira, ¿no lo reconoces? Es Creonte - agregó dulcemente.

Profundamente conmovida, me acerqué a Creonte, sus manos extendidas y tartamudeé:

- ¿No quieres mirarme?

Se enderezó y, mirándome con expresión amarga y desesperada, respondió:

- ¡Es doloroso verte! Soy un anciano encorvado por la edad... Mientras los dioses tocados por tu belleza te otorgaron la eterna juventud; el dolor causado por tu pérdida blanqueó mi cabello y me inclinó la espalda; el feliz traidor vivió con la mujer que amaba, a quien me había prometido traerme de vuelta y me robó... ¡Hombre sin fe! Lo tenía todo y le quitó su único tesoro a un infeliz, condenándonos a nosotros, a tu padre y a mí, a la completa soledad - terminó, apretando los puños.

- Eres injusto e ingrato - le contesté severamente. ¡Ambos deberíamos haber escapado de ti de una muerte vergonzosa y terrible! Si hubieras sido más paciente y más sabio, ambos hubiéramos huido, yo no habría sido una criminal y nuestras vidas habrían sido diferentes.

Creonte palideció e inclinó la cabeza. Este dolor silencioso provocó mi lástima.

- ¡Olvídate y perdona lo irreparable! Seamos amigos y agradezcamos a los dioses que nos permitieron reencontrarnos.

La calma volvió a nuestros ánimos. Eso me lo dijo mi papá más tarde. De mi liberación, recibí de Ebramar sólo estas lacónicas palabras: "¡Ella está a salvo! "

Han pasado muchos años; él no ha recibido más noticias...

Cayo, mi hermano, murió; mi cuñada se volvió a casar. Y mi padre, pensando que yo vivía en Atenas con Creonte y que tenía miedo de escribirle, se fue a Grecia y volvió a encontrar al escultor. Creonte no sabía nada de mí. Tuvo con mi padre todas las atenciones de un hijo devoto. Se hicieron amigos y vivieron durante muchos años en Grecia.

Sintiendo venir la muerte, mi padre quiso volver a ver Roma y morir en su casa. Vino con Creonte, a quien nadie reconoció, porque habían pasado treinta años; el viejo drama había sido olvidado.

Unos días después de mi primera visita, el propio Ebramar vino a ver a mi padre y se reconcilió con Creonte, que se debilitaba día a día, y tres meses después de mi llegada, lo encontraron muerto cerca de la estatua de las vestales.

Había grabado en el pedestal:

"¡Creación de mis manos, alegre fantasma de la felicidad de mi juventud, para ti mi último pensamiento! Aquella que tallé en el mármol me amaba y me pertenecía. Sus facciones adoradas fueron mi consuelo."

La inscripción todavía es visible. Después de la muerte de mi padre, y unas semanas después de la muerte de Creonte, dejé Roma y tomé la estatua. Me une a ella una fuerte conexión con el pasado..."

Nara guardó silencio y las lágrimas corrieron por sus mejillas aterciopeladas... Se encontró con la mirada triste y dolorida de su marido y forzó una sonrisa.

- Verás, a pesar de la inmortalidad y de todo nuestro conocimiento, el corazón inflexible del hombre no puede dominar el dolor de las separaciones de los seres queridos y los recuerdos de las duras pruebas vividas.

- ¡Nara! – Pronunció con voz temblorosa, Supramati extremadamente pálido -. Tu narrativa evocó en mí sensaciones, imágenes desconocidas... diría casi reminiscencias de los sentimientos vividos... pero es caótico, incomprensible... Si dices que las almas se reencarnan, que habitan en nuevos cuerpos... Ya sabes eso... ¡Disipa esas sombras, ilumina mi espíritu!

Los ojos de Nara brillaron. Se inclinó y le puso la mano en la frente a su marido. Después de la de un momento de silencio, ella murmuró:

- ¡Creonte! ¡Recuerda las horas de alegría que expiamos duramente...!

Un rayo pareció atravesar el espíritu de Supramati, un pesado velo cayó de sus ojos.

Y, de pronto, vio el templo de Vesta, el altar donde ardía el fuego sagrado, la silueta blanca de la vestal que él abrazaba...

Luego revivió toda la alegría y la angustia del pasado. Preguntándose, apoyó la cabeza en las rodillas de Nara, quien le acarició suavemente el cabello.

Se abandonó a la alegría de haber vuelto a encontrar, después de tantos siglos, a su amante perdido. Una inmensa aventura se abrió ante la pareja inmortal.

A la mañana siguiente, bien temprano, partió a escondidas para su castillo en Escocia, escondiéndose en las naturalezas más extrañas y solitarias, sobre la roca, siempre batida por las olas, una felicidad que no tiene límites y que la retirada va de la humanidad misma.

ROCHESTER

Libros de Vera Kryzhanovskaia y J.W. Rochester

La Pulsera de Cleopatra

La Venganza del Judío

La Monja de los Casamientos

La Hija del Hechicero

La Flor del Pantano

La Ira Divina

La Leyenda del Castillo de Montignoso

La Muerte del Planeta

La Noche de San Bartolomé

La Venganza del Judío

Bienaventurados los pobres de espíritu

Cobra Capela

Dolores

Trilogía del Reino de las Sombras

De los Cielos a la Tierra

Episodios de la Vida de Tiberius

Hechizo Infernal

Herculanum

En la Frontera

Naema, la Bruja

En el Castillo de Escocia (Trilogia 2)

Libros de Elisa Masselli

Siempre existe una razón

Nada queda sin respuesta

La vida está hecha de decisiones

La Misión de cada uno

Es necesario algo más

El Pasado no importa

El Destino en sus manos

Dios estaba con él

Cuando el pasado no pasa

Apenas comenzando

Grandes Éxitos de Zibia Gasparetto

Con más de 20 millones de títulos vendidos, la autora ha contribuido para el fortalecimiento de la literatura espiritualista en el mercado editorial y para la popularización de la espiritualidad. Conozca más éxitos de la escritora.

Romances Dictados por el Espíritu Lucius

La Fuerza de la Vida

La Verdad de cada uno

La vida sabe lo que hace

Ella confió en la vida

Entre el Amor y la Guerra

Esmeralda

Espinas del Tiempo

Lazos Eternos

Nada es por Casualidad

Nadie es de Nadie

El Abogado de Dios

El Mañana a Dios pertenece

El Amor Venció

Encuentro Inesperado

El Hilo del destino

El Astuto

El Morro de las Ilusiones

¿Dónde está Teresa?

Por las puertas del Corazón

Cuando la Vida escoge

Cuando llega la Hora

Cuando es necesario volver

Abriéndose para la Vida

Sin miedo de vivir

Solo el amor lo consigue

Todos Somos Inocentes

Todo tiene su precio

Todo valió la pena

Un amor de verdad

Venciendo el pasado

Libros de Vera Lúcia Marinzeck de Carvalho y Patricia

Violetas en la Ventana
Viviendo en el Mundo de los Espíritus
La Casa del Escritor
El Vuelo de la Gaviota

Vera Lúcia Marinzeck de Carvalho y Antônio Carlos

Amad a los Enemigos
Esclavo Bernardino
la Roca de los Amantes
Rosa, la tercera víctima fatal
Cautivos y Libertos

Libros de Eliana Machado Coelho y Schellida

Corazones sin Destino

El Brillo de la Verdad

El Derecho de Ser Feliz

El Retorno

En el Silencio de las Pasiones

Fuerza para Recomenzar

La Certeza de la Victoria

La Conquista de la Paz

Lecciones que la Vida Ofrece

Más Fuerte que Nunca

Sin Reglas para Amar

Un Diario en el Tiempo

Un Motivo para Vivir

¡Eliana Machado Coelho y Schellida, Romances que cautivan, enseñan, conmueven y pueden cambiar tu vida!

Libros de Mónica de Castro y Leonel

A Pesar de Todo

Con el Amor no se Juega

De Frente con la Verdad

De Todo mi Ser

Deseo

El Precio de Ser Diferente

Gemelas

Giselle, La Amante del Inquisidor

Greta

Hasta que la Vida los Separe

Impulsos del Corazón

Jurema de la Selva

La Actriz

La Fuerza del Destino

Recuerdos que el Viento Trae

Secretos del Alma

Sintiendo en la Propia Piel